KB268452

비즈니스의
핵심을 보호하기

비즈니스의 핵심을 보호하기

ⓒ 김종면·김진수, 2025

초판 1쇄 발행 2025년 3월 31일

지은이   김종면·김진수
펴낸이   이기봉
편집   좋은땅 편집팀
펴낸곳   도서출판 좋은땅
주소   서울특별시 마포구 양화로12길 26 지월드빌딩 (서교동 395-7)
전화   02)374-8616~7
팩스   02)374-8614
이메일   gworldbook@naver.com
홈페이지   www.g-world.co.kr

ISBN   979-11-388-4121-4 (03320)

비즈니스의 핵심을 보호하기

김종면 · 김진수 지음

성공을 위해서는 경쟁에서 두각을 나타내는 차별화 전략이 필요하다!

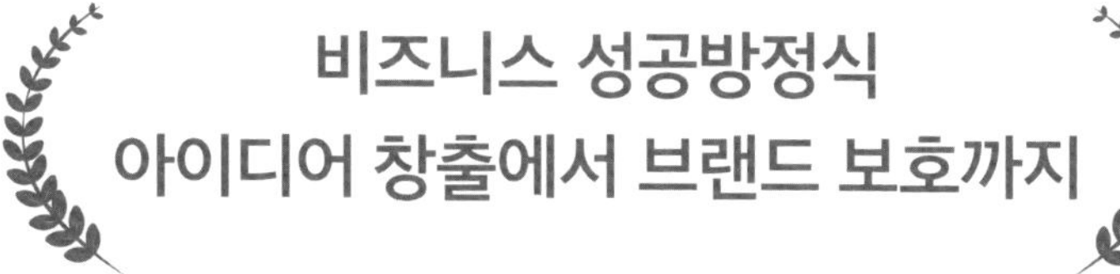

좋은땅

김종면

"사람들은 매번 맞닥뜨리는 문제를 어떻게 해결할까?"라는 질문을 시작으로 이 책의 집필이 시작되었고, 어느덧 만 4년이란 시간이 흘렀다.

처음에는 트리즈(TRIZ)를 포함해서 기존에 나와 있는 문제해결 방법론들에 대해 다양하게 검토해 보았고, 그러면서 문제해결 방법론들이 생각보다 다양한 분야에서 필요로 하고 또 그런 필요에 의해 방법론들이 만들어졌다는 것도 알게 되었다.

문제해결 방법론을 검토한 다음에는 과연 사람들은 어떤 문제들을 맞닥뜨리고 있을지를 고민해 보았다. 처음에는 너무 막막해서 어느 한 분야를 정해야만 하겠다는 생각에 이르렀고 당시 코로나로 인해 이커머스 분야에서 큰 변곡점이 만들어지고 있었기에 이커머스 분야로 한정해서 검토를 해 보기로 하였다.

그러다가 대표적인 이커머스 기업인 쿠팡을 분석해 보기로 하고, 쿠팡이 출원한 특허들을 모두 분석하게 되었는데, 특허를 분석한 이유는 특허라는 것이 어떤 문제에 대한 해결방법을 문서화하여 신청하는 것이기 때문이다.

특허를 통해 자신의 아이디어 또는 자신만의 문제해결 방법을 보호하여 사업의 보호장벽으로 활용할 수 있고, 따라서 기업은 새로운 아이디어를 내고 이것을 지식재산권이라는 제도를 통해 보호받아 사업에 있어서의 차별성과 우월성을 가져가게 된다.

사업을 성공시키기 위해서는 차별화를 통해 사업을 성장시키는 것과 제품과 서비스를 잘 알리고 홍보하여 사람들에게 인식시키고 좋은 이미지와 평판을 만들어 가는 것 두 가지가 핵심적인 것이라 생각한다.

문제해결 방법 또는 특허가 제품이나 서비스의 차별화를 만드는 방법이 될 수 있다고 하면, 브랜드를 만들어 브랜드에 대한 좋은 평판을 만들어 가고 보호하는 것은 제품이나 서비스의 홍보에 있어 가장 중요한 부분이기 때문에 특허 이야기에 이러 상표와 브랜드에 대한 이야기를 추가하였다.

사람들이 어떻게 문제를 해결하는지 알아보고자 이러 방법론들을 검토하고 실제 현실에서의 문제해결 사례들을 알아본 다음 내가 마주치는 다양한 문제들을 대하면서 '나는 이 문제를 어떻게 해결하면 될까?'라는 질문을 간혹 던져 보았다. 하지만 그때마다 딱 이거다 싶은 해결방안을 찾기는 사실 어려웠다. 그러면서 문제해결 방법론에 대한 회의적인 생각이 들기도 했지만 세상의 문제들은 너무나도 다양하고 복잡하기 때문에 어떤 하나의 방법론으로 그 문제가 해결되기는 현실적으로 어렵다는 사실을 깨닫게 되었다. 그렇다고 하더라도 어느 하나의 문제해결 방법론이 내가 직면한 문제에 대한 완벽한 해답을 제시해 주지는 않더라도 문제해결 방법론을 통해 직면한 문제를 어떤 관점에서 바라보아야 할지 또는 어떤 방식으로 문제를 접근하고 해결의 실마리를 찾아가야 한다거나 문제해결을 위해 어디에 첫 발을 내디뎌야 할지에 대해 일정한 도움을 줄 수 있다는 생각이 들었다.

현업으로 바쁜 와중에 잠깐씩 시간을 내서 정리를 하다 보니 시간이 많이 걸렸고 기간만 길어졌을 뿐 내용을 충실히 담지 못했다는 아쉬움이 크다. 그렇다고 완성도를 높이려다 보면 언제 내용을 잘 정리하고 책으로 출간을 할 수 있을지 기약이 없을 것 같아서 일단 만족스럽지 않더라도 현재까지 정리된 내용을 출간을 하고 좀 더 보완하고 싶은 내용과 이야기들은 추후 보강해도 되겠다는 생각으로 부끄럽고 쑥스러운 마음으로 이렇게 책으로 내게 되었다.

나 혼자 이 책을 쓰려고 했다면 절대 이 책은 나올 수 없었을 것이다. 4년 동안 매주 함께 이야기를 나누고 고민해 주신 김진수 대표님이 계셨기에 가능한 일이었다. 항상 넘치는 아이디어와 어떤 주제에 대해서도 유연한 사고와 접근으로 이 책의 내용이 정리될 수 있도록 김진수 대표님께서 훌륭한 가이드를 해 주셨다.
지난 4년이라는 긴 시간 동안 매주 만나 훌륭한 의견을 주시고 고된 집필 작업에 함께해 주신 김진수 대표님께 깊은 감사의 말씀을 드린다.

김진수

평소에 문제해결 방법에 관심이 많았는데 특허를 분석해서 문제해결 방법을 만들어 낸 Triz라는 방법을 접하면서 상당히 흥미를 느끼게 되었다. 나도 예전에 특허에 관심이 있어 대기업의 특허실에서 일을 했던 터라 특허에서의 문제해결 방법을 도출한 것도 재미있었고 그 방법들을 모아서 보다 일반적인 문제해결 방법을 만들어 낸 것도 흥미로웠다. 그런데 Triz의 방법론을 자세히 들여다보면서 Triz가 가진 한계도 생각해 보게 되었다. Triz는 과거에 나온 특허들을 가지고 만든 방법론이다 보니 주로 기계 공학적 문제나 화학 공학적 문제를 대상으로 한 문제 해결 방법이 주류를 이루었는데 요즘처럼 디지털 기술이 발달한 환경에서 과연 Triz가 잘 맞을까 하는 것이었다. 그래서 Triz를 발전시킬 필요가 있다는 생각이 들었다.

마침 잘 알고 지내던 공저자인 김종면 변리사님과 얘기를 나누다가 김 변리사님이 Triz 강의도 하시고 Triz에 관심이 많다는 것을 알고 함께 IT기술과 관련된 최근 특허들의 문제해결 방법들을 분석해서 eTriz라는 방법론을 만들어 보자는 제안을 드렸는데 흔쾌히 수락하셔서 함께 작업을 시작하게 되었다. 매주 한 번씩 오프라인으로 만나서 특허 명세서를 분석해서 어떤 문제를 어떤 방법으로 해결했는지를 정리하는 작업을 시작했다. 그게 벌써 4번이 훌쩍 지난 일이다. 둘 다 이름의 중간 글자의 영문 이니셜이 J라서 JJ 프로젝트라는 프로젝트명도 정하고 매주 카페에서 만나 명세서를 읽고 분석하던 것이 아직 기억에 생생한데 날짜를 계산해 보니 4년이란 시간이 지난 것이다. 그간에 팬데믹이 시작되어 온라인으로 만나기도 했지만 특별한 일이 없는 한 매주 미팅을 이어 갔다.

　내용이 얼마나 가치가 있는가를 떠나 그 시간을 김 변리사님과 함께 할 수 있었다는 것만으로도 JJ 프로젝트가 성공적이었다는 생각이 든다. 작년 11월에는 4주년을 기념해서 변리사님과 함께 저녁을 하고 차를 마시면서 지난날을 돌아보는 시간도 가졌다. 이 일이 가지는 의미는 이제까지 살면서 이렇게 뭔가를 오랜 시간 동안 꾸준히 누군가와 함께 진행해 온 경험이 없었다는 것과 또 그 시간을 써서 뭔가를 만들어 냈다는 것이고 이에 대해 큰 자부심이 느껴진다. 물론 그 시간을 지나는 동안 처음에 생각했던 계획대로 콘텐츠가 만들어지지 않고 주제가 좀 바뀌기도 하고 더 추가되기도 하는 과정을 거쳤다. 그것도 변화와 발전이라는 관점에서 보면 바람직한 결정이었다고 생각한다. 무조건 처음의 생각을 고집하기보다는 더 나은 대안이 있다면 그 대안을 취하는 것이 더 현명하기 때문이다.

　초기에 생각했던 eTriz를 만들겠다는 목표는 좀 더 확장되어 어떤 문제를 해결하는 다양한 방법론을 담는 것으로 확장되었고 그 방법론으로 만들어 낸 산출물을 보호받기 위해 특허라는 제도를 활용하면 좋겠다는 생각에서 특허에 대한 이야기를 담았다. 어떤 문제를 해결해서 어떤 제품이나 서비스를 만들어 내는 과정을 다루고 보니 그걸 어떻게 알리고 팔 것인가에 대해서도 써 보면 좋겠다는 욕심이 생겨 브랜딩 파트를 추가하기로 했다. 그리고 만들어진 브랜드를 권리화하는 방법을 덧붙이고 그 권리를 누군가 침해했을 때 어떻게 보호할 것인가에 대한 이슈까지 다루게 되었다. 그렇게 하고 나니 처음의 목표와는 달라졌지만 하나의 완성된 절차가 만들어졌다는 느낌이 들었다. 즉, 해결해야 하는 문제에서 출발해서 그 문제를 해결하는 방법을 다루고 그 해결된 방법을 가지고 상품을 만들고 그 상품에 브랜드를 입히는 전체의 과정과 그 산출물들을 보호하는 장치들을 다루는, 기존의 책들과는 사뭇 차별화된 콘텐츠를 담아내는 책이 된 것이다.

이 책이 아무쪼록 이런 류의 책을 필요로 하는 분들에게 도움을 드릴 수 있다면 책을 만들어 냈다는 자부심에 더해 세상에 필요한 가치를 만들어 냈다는 보람을 느낄 수 있을 것 같다. 그리고 이 책은 완성이 아니라 독자분들이 자신들의 아이디어를 추가해 더 내용을 풍성하게 만드는 씨앗으로 쓰여도 좋을 듯하다. 끝으로 4년이 넘는 기간 동안 특허 사무실과 스타트업을 경영하는 바쁜 와중에도 시간을 내서 함께해 주신 김종면 변리사님께 깊은 감사를 드린다.

목 차

1
서론

2
특허는 어떤 문제를
해결하고 있다

3
제품을 잘 알리기 위한
브랜드의 역할은?

1

서론

비즈니스의 성공을 위해서는 경쟁에서 두각을 나타내는 차별화 전략이 필요합니다. 차별화된 제품 또는 서비스는 경쟁 우위를 확보할 수 있도록 해 주고 소비자들에게도 매력적인 선택지가 될 수 있기 때문입니다.

차별화 전략은 다양한 방식으로 활용 가능합니다. 예를 들어, 혁신적인 기술을 활용하여 고객에게 새로운 가치를 제공하거나, 독특한 디자인으로 제품의 매력도를 높일 수 있습니다. 또한, 특별한 서비스 경험을 제공하여 경쟁 업체와 차별화할 수 있습니다.

차별화된 제품 또는 서비스는 비즈니스 모델의 핵심 요소이지만, 비즈니스의 성공을 위해서는 그것만으로는 충분하지 않습니다. 효과적인 마케팅 전략을 통해 제품 또는 서비스를 홍보하고, 고객들에게 효과적으로 다가가야 합니다.

결국, 성공적인 비즈니스는 차별화 전략과 효과적인 마케팅 및 홍보를 통해 이루어진다고 볼 수 있습니다. 이러한 요소들을 통해 경쟁 우위를 확보하고 고객들에게 매력적인 가치를 제공하여 지속 가능한 성장을 이루어 낼 수 있습니다.

지식 재산 보호 관점에서 비즈니스를 성공으로 이끌기 위한 차별화와 홍보를 살펴보면 아래와 같이 정리할 수 있습니다.

차별화	홍보
차별화된 제품을 만들어서 비교 우위를 만들어야 함(마이클 포터의 경쟁 우위 전략)	사람들에게 잘 알려야 함.
차별화된 제품을 만들려면 문제 해결 방법론을 이용해야 함	브랜딩을 잘해서 알린다.
남들이 베끼면 차별화가 사라진나. 남들이 베끼는 걸 막아야 → 특허로 보호	브랜딩을 해도 남들이 베끼면 브랜드가 희석된다. 베끼지 못하게 하려면 상표로 보호

제품과 서비스를 차별화하는 대표적인 방법은 혁신적인 아이디어 또는 기술을 활용하여 고객에게 새로운 가치를 제공하는 것인데, 이러한 것들이 그냥 하늘에서 뚝 떨어지지는 않습니다. 혁신적인 아이디어는 고객의 문제를 발견하고 이를 해결해 주는 과정에서 도출되어야 합니다. 이를 위해 다양한 방법론을 적용할 필요가 있습니다. 문제 해결 방법론에 대해서는 추후 상세히 소개를 하겠습니다.

고객의 문제를 해결하는 방법을 제시하고 차별화된 기술로 구현하였다면, 이에 대한 특허권을 확보하여 경쟁 우위를 차지할 수 있습니다.

차별화된 제품이나 서비스가 확보되었다면 이를 효과적으로 알리기 위한 전략이 필요하고, 이 과정에서 제품/서비스에 대한 브랜딩 전략이 중요한 부분을 차지합니다. 브랜딩 전략은 다음과 같은 요소들을 포함합니다.

브랜드 아이덴티티: 브랜드의 가치, 비전, 목표를 정의합니다.
브랜드 메시지: 브랜드가 전달하고자 하는 메시지를 명확하게 설정합니다.
브랜드 경험: 고객들에게 일관되고 차별화된 경험을 제공합니다.

브랜딩 전략을 통해 브랜드 인지도가 높아지면 경쟁 업체의 모방 위험이 발생할 수 있습니다. 경쟁 업체는 자사의 브랜드 가치에 기생하여 유사 상표를 사용할 수 있으며, 이러한 상황은 브랜드 이미지 훼손, 고객 혼란, 시장 점유율 감소 등과 같은 심각한 문제를 야기할 수 있습니다.

이러한 위험을 방지하기 위해서는 상표권 확보가 필수적입니다. 상표권은 특정 상표에 대한 독점적 사용 권리를 부여함으로써 브랜드 가치를 법적으로 보호합니다. 상표권을 확보하면 다음과 같은 이점을 얻을 수 있습니다.

독점적 사용 권리: 타인이 동일 또는 유사한 상표를 사용하지 못하게 함으로써 브랜드 차별성을 유지하고 고객 혼란을 방지합니다.

법적 보호: 상표 침해 발생 시 법적 조치를 통해 권리를 주장하고 손해 배상을 청구할 수 있습니다.

브랜드 가치 강화: 상표권 확보는 브랜드의 신뢰성과 가치를 제고하므로 경쟁 우위를 확보하는 데 기여합니다.

이처럼, 성공적으로 브랜딩을 마친 후에는 상표권 확보를 통해 브랜드를 모방의 위험에서 보호해야 합니다. 즉, 상표권은 브랜드 가치를 지키고 경쟁 우위를 유지하는 데 중요한 역할을 합니다.

이후 장에서는 비즈니스의 성공을 위해 필요한 두 가지 차별화와 홍보 방법에 대하여 알려드리겠습니다. 그중 차별화는 문제 해결과 특허에 추점을 맞추고, 홍보는 브랜드와 상표 보호에 초점을 맞추어 설명하고자 합니다.

2

특허는
어떤 문제를
해결하고 있다

1) 문제 해결의 중요성

우리는 매일의 일상에서 크고 작은 수많은 문제와 대면합니다. 그리고 일상에서 부딪치는 수많은 문제들을 어떤 방식으로든 해결해 가고 있습니다. 이를테면 '어떻게 하면 약속 장소로 시간에 맞추어 갈 수 있을까?' 또는 '어떻게 하면 올해 매출 목표를 달성할 수 있을까?'와 같은 문제들입니다. 이와 같이 어렵거나 난처한 질문 또는 상황을 '문제(Problem)'라고 하며, 이를 해소하기 위한 방법을 '해결 방안(Solution)'이라고 합니다.

2) 문제 해결을 위한 접근 방법

효율적인 문제 해결을 위해서는 정확한 이해와 분석이 필요한데, 이를 위해서는 현재 상태와 주어진 정보 및 조건을 확인하고, 해결하려는 목표의 상태를 파악해야 합니다.

문제 해결 과정에서는 몇 가지 단계적인 접근 방식을 활용할 수 있습니다.

첫째로, 문제를 명확히 이해하고 분석합니다. 문제의 원인과 영향을 종합적으로 파악하고, 필요한 정보와 자료를 수집합니다.

둘째로, 문제 해결을 위한 목표를 설정합니다. 목표는 원하는 결과물이나 상태를 분명하게 정의하는 것을 의미합니다. 목표를 설정하면 해결 방향을 명확히 할 수 있고, 해결 과정을 효율적으로 진행할 수 있습니다.

셋째로, 다양한 해결 방법을 고려하고 평가합니다. 창의적인 사고를 통해 새로운 아이디어를 도출하고, 기존의 지식과 경험을 활용하여 해결 방안을 모색합니다. 여러 가지 방법들을 평가하고 장단점을 고려하여 가장 적합한 방법을 선택합니다.

넷째로, 선택된 해결 방법을 실행에 옮깁니다. 구체적인 계획을 세우고 필요한 자원과 도구를 활용하여 문제를 해결합니다. 실행 과정에서 유연성과 조율이 필요할 수 있으며, 필요에 따라 수정을 가할 수 있습니다.

마지막으로, 결과를 평가하고 개선합니다. 문제가 어떻게 해결되었는지 확인하고, 원하는 목표에 도달했는지 평가합니다. 만족스러운 결과가 나오지 않을 경우 원인을 분석하고 개선 방안을 모색하여 더 나은 해결책을 찾을 수 있습니다.

문제 해결을 위해서는 창의적 사고와 협력이 필요합니다. 창의적 사고를 통해 문제를 다양한 관점에서 바라보고 새로운 아이디어를 도출할 수 있습니다. 또한 다른 사람들과의 협력을 통해 의견을 공유하며 효과적인 해결 방법을 찾을 수 있습니다.

　지속적인 개선과 학습을 통해 문제 해결 능력을 발전시킬 수 있습니다. 이전에 문제를 해결하면서 얻은 경험과 결과를 돌아보고, 개선할 부분을 찾아냄으로써 추후 문제 해결에 적용할 수 있습니다. 또한, 새로운 도전과 학습을 통해 문제 해결 능력을 키울 수 있습니다.

　문제 해결은 일상과 업무에서 중요한 역할을 합니다. 문제를 해결하는 과정에서 능력을 향상시키고 새로운 가능성을 발견할 수 있습니다. 따라서 문제를 직면할 때 주저하지 않고 도전하며, 창의적인 사고와 협력을 통해 적극적으로 해결 방안을 모색하는 것이 중요합니다.

1) 트리즈(TRIZ)

가) 트리즈의 개념

트리즈(TRIZ)란 창조적 문제 해결 이론(Theory of Inventive Problem Solving)이라는 뜻의 러시아어 'Teoriya Reshniya Izobretatelskikh Zadatch'의 머리글자를 딴 것으로, 구소련에서 특허 관련 업무를 담당하고 있던 Genrich S. Altshuller에 의해서 개발되었습니다.

트리즈의 핵심 아이디어는 수십만 건의 특허를 분석하고 다양한 분야의 문제를 해결하는 데 사용된 발명 원리들을 찾아낸 다음 특성이나 패턴별로 분류하여 정리해 둔 것으로, 새로운 문제에 직면했을 때 해결하는 방법을 찾을 수 있도록 도와주는 일종의 문제 해결 방법론이라고 할 수 있습니다.

트리즈는 다양한 도구와 기법을 포함하고 있는데, 그중 가장 중요한 개념은 '모순의 해결'입니다. 트리즈는 문제 해결 과정에서 발생하는 모순을 해결하면서, 새로운 아이디어를 창출할 수 있는 방법을 제시합니다. 예를 들어, '더 빠른 속도로 이동하기 위해선 더 가벼워져야 하지만, 더 가벼워진다면 내구성이 감소한다.'라는 모순을 해결하기 위해 무게를 줄이면서도 내구성을 유지할 수 있는 소재나 구조를 찾는 방법을 제 안합니다.

트리즈는 '40가지 원리'라고 불리는 발명 원리들을 활용합니다. 이는 다양한 분야의 발명과 문제 해결에서 반복적으로 등장하는 원리들로, 문제 상황에 적용함으로써 새로운 해결책을 도출할 수 있도록 도와줍니다. 예를 들면, '분할' 원리는 문제를 작은 부분들로 분할하여 해결책을 찾는 것이며, '역방향 사고' 원리는 문제의 원인과 결과를 반대로 놓고 새로운 해결책을 찾는 것입니다.

트리즈는 기존의 경험과 지식을 바탕으로 창의적인 문제 해결 방법을 제공하며, 혁신과 발명을 촉진하는 데 도움을 줄 수 있는 강력한 도구입니다.

나) 트리즈 적용 사례

도롯가의 배수로를 보면 비가 많이 올 때 도로가 침수되지 않도록 빗물받이가 설치되어 있습니다. 빗물받이의 기능은 노면에 흐르는 빗물을 유입하여 하수관로로 보내는 역할을 합니다. 그런데 빗물받이는 하수관로와 연결되어 있다 보니 악취가 발생하곤 합니다. 그래서 인근 주민들이 장판으로 빗물받이를 덮어 놓는 경우가 생깁니다. 이는 빗물받이를 통해 새어 나오는 악취를 차단하기 위한 것입니다.

그런데 문제는 이 때문에 집중 호우 때 배수가 제대로 되지 않아 침수

피해가 발생하는 것입니다. 반지하 주택이 많은 곳에서는 빗물받이로 유입되지 않은 빗물이 순식간에 지하층으로 흘러 들어가면서 주민들의 재산과 생명을 빼앗아 가기도 합니다.

빗물받이는 빗물을 유입시켜야 하기 때문에 열려 있어야 하고, 냄새가 바깥으로 나오지 못하도록 하기 위해서는 닫혀 있어야 합니다. 즉, 빗물받이 뚜껑은 구멍이 항상 열려 있을 필요도 없고 닫혀 있을 필요도 없다는 물리적 모순을 갖게 됩니다.

이러한 모순은 시간 분리 또는 조건 분리를 통해 해결할 수 있습니다. 비가 오는 시간이나 조건에서는 빗물받이의 구멍이 열리게 하고, 비가 오지 않는 시간이나 조건에서는 구멍이 닫히게 하면 되는 것입니다.

이런 착안을 통해 개발된 것이 '악취차단형 뚜껑'입니다. 빗물받이 뚜껑의 구멍 부분이 비가 올 때는 물의 무게로 인해 열리고, 비가 그치면 원상태로 되돌아가 닫히는 방식입니다.

*** 자동개폐형 환풍기

화장실의 냄새를 배출하기 위해서는 환풍기가 필요하지만, 추운 겨울에 환풍기가 열려 있으면 프로펠러 사이로 찬 공기가 들어오므로, 아무리 난방을 하더라도 수도가 어는 현상이 발생하기도 합니다. 그러므로 환풍기를 가동할 때만 프로펠러가 설치된 환풍구가 열려서 실내 공기가 배출될 수 있도록 하고, 환풍기를 가동하지 않을 때는 닫혀서 겨울에 찬 공기가 들어오지 않도록 하는 원리가 적용되었습니다.

다) 트리즈 장단점 및 한계

트리즈 기법은 다양한 장점을 가지고 있지만, 한계점도 있습니다. 아래에서 트리즈의 장단점에 관해 설명하겠습니다.

장점:

(1) 체계적인 접근: 트리즈는 문제를 분석하고 해결책을 도출하는 과정이 체계적인 접근 방법으로 이루어집니다.

(2) 경험적 지식 활용: 트리즈는 과거의 발명과 혁신 사례를 체계적으로 분석하여 축적된 지식을 활용합니다. 이는 문제 해결에 있어서 유용한 통찰력과 아이디어를 제공합니다.

(3) 모순 해결: 트리즈는 모순적인 요구 사항을 해결하는 데 중점을 둡니다. 모순은 문제 해결을 방해하는 요소로 작용하는데, 트리즈는 이를 해결하기 위해 다양한 원리를 제시합니다.

단점:

(1) 도메인 종속성: 트리즈는 초기에 기계 및 화학 분야에 초점을 맞추어 개발되었기 때문에, 다른 도메인이나 산업에 대한 적용 범위가 상대적으로 제한적일 수 있습니다.

(2) 지식과 시간 요구: 트리즈의 원리와 도구를 익히기 위해서는 상당한 학습이 필요합니다. 또한, 문제 해결에 적용하는 과정에서 많은 시간과 노력이 소요될 수 있습니다.

트리즈는 문제 해결에 유용한 도구이지만, 위와 같은 장단점과 한계를 인지하고 적절히 활용하는 것이 중요합니다. 상황과 문제에 따라 다른 해결 방법이 필요할 수 있으므로, 다른 접근법과 결합하여 사용하는 것도 좋은 전략입니다.

2) FAS 3단계

가) 개념

FAS 3단계(FAS 3-Step)는 문제 해결과 의사 결정을 위한 간단하면서도 효과적인 방법론입니다. 이 방법론은 체스터 니미츠(Chester W. Nimitz) 장군이 사용한 전략적인 질문 방식을 기반으로 합니다. FAS는 실현 가능성(Feasibility), 수용 가능성(Acceptability), 결과 적합성(Suitability)의 약어로, 각각의 단계를 나타냅니다. 각 단계에 대한 내용은 다음과 같습니다.

(1) 실현 가능성(Feasibility): Can the action be accomplished by the means available?

: 목표 달성을 위한 방법(Action)은 가용한 자원을 활용하여 수행 가능한가?

이 단계에서는 계획된 행동이 현재 가능한 자원을 통해 성공할 수 있는지 평가합니다. 어떤 행동이 수행 가능한 자원과 조건 하에서 성공 가능한지 확인하는 것은 중요합니다. 이를 위해 프로젝트를 수행하기 위해 필요한 자원과 시간이 충분한지, 기술적인 제한 사항이 있는지 등을 고려합니다.

(2) 수용 가능성(Acceptability): Are the consequences of cost justified by the importance of the effect desired?

: (성공하든 실패하든) 투입하는 비용은 결과의 중요성을 고려할 때 적정한가?

이 단계에서는 투입하는 비용과 행동의 결과에 따른 효과를 평가하는데, 결과의 중요성에 비해 투입하는 비용이 적절한지를 판단합니다. 즉, 행동을 통해 얻게 되는 효과가 비용을 정당화할 수 있는지를 고려합니다. 이는 비즈니스나 프로젝트의 투자 등을 결정할 때 중요한 판단 요소가 됩니다.

(3) 결과 적합성(Suitability): Will the attainment of the objective

accomplish the desired effect?

: 목표의 달성이 원하는 결과를 이룰 수 있게 해 주는가?

이 단계에서는 목표 달성으로 인해 얻게 되는 결과가 원하는 효과를 얼마나 만족시키는지를 평가합니다. 즉, 행동의 결과가 원하는 목표나 효과를 충족시키는지 판단합니다.

FAS 3단계 방법론은 비용, 실현 가능성, 적합성 등을 고려하여 행동 계획을 검토함으로써 효과적인 문제 해결과 의사 결정을 도와줍니다. 또한 효율적이고 논리적인 사고를 촉진하며, 결정을 내릴 때 객관적인 기준을 제시해 줍니다.

나) 적용 사례

당신은 친구들과 함께 스타트업을 창업하였습니다. 스타트업은 새로운 소셜 미디어 플랫폼을 개발하였지만, 사용자 확보와 성장에 어려움을 겪고 있습니다. 그래서 당신은 FAS 3단계를 활용하여 문제를 해결하기로 결정합니다.

첫 번째 단계인 '실현 가능성(Feasibility)'에서 당신은 스타트업의 현재 자원과 역량을 고려하여 사용자 확보 전략을 검토합니다. 마케팅 예산이 제한되어 있으므로 효과적인 방법을 찾아야 합니다. 당신은 여러 가지 아이디어를 토대로 무료 체험 기간과 추천인 프로그램을 도입하여 사용자를 유입시키는 전략을 선정합니다.

두 번째 단계인 '수용 가능성(Acceptability)'에서 당신은 각 전략의 비용과 효과를 분석합니다. 무료 체험 기간과 추천인 프로그램을 통해 사용자를 유입시키면 초기 비용이 발생하지만, 장기적으로는 높은 사용자 유지율과 성장을 기대할 수 있으므로, 스타트업의 비즈니스 모델과 목표에 적합한 전략임을 확인합니다.

마지막으로, 세 번째 단계인 '결과 적합성(Suitability)'에서 당신은 선택한 전략이 타깃 사용자들에게 어떤 가치를 제공할 수 있는지 평가합니다. 무료 체험 기간은 신규 사용자들에게 제품의 기능과 가치를 경험할 수 있는 기회를 제공하며, 추천인 프로그램은 기존 사용자들과의 네트워크를 구축하고 신규 사용자를 확보하는 데 도움을 줍니다. 이를 통해 사용자에게 더욱 매력적인 서비스를 제공하면서 성장해 나가는 데 적합한 전략임을 확인합니다.

당신의 스타트업은 위와 같은 과정을 통해 무료 체험 기간과 추천인 프로그램을 도입하여 사용자 유입과 성장을 이루어낼 수 있습니다. FAS 3단계 방법론은 사용자에게 매력적이고 유익한 경험을 제공하며, 스타트업의 사용자 기반을 확대하고 성공적인 비즈니스 모델을 구축하는 데 도움을 줍니다.

다) 장점 및 한계

장점:

(1) 간결하고 직관적인 방법론: FAS 3단계는 세 가지 간단한 질문으

로 구성되어 있으므로 이해하기 쉽고 직관적입니다. 그러므로 팀원들 간의 의사 소통이 원활해지고 문제 해결 과정이 단순화될 수 있습니다.

(2) 목표 중심적 접근: FAS 3단계는 목표와 효과에 집중합니다. 이를 통해 명확한 목표를 설정하고 목표 달성에 필요한 조치가 무엇인지 식별할 수 있습니다.

(3) 비용과 효과의 균형 고려: FAS 3단계는 비용 효과 사이의 균형을 고려합니다. 비용 효율적인 해결책을 찾는 데 도움이 되며, 비용을 정당화할 수 있는 효과를 고려할 때 경제적인 결정을 할 수 있습니다.

한계:

(1) 전략적 분석의 한계: FAS 3단계는 문제 해결을 위한 전략적 분석에 초점을 맞추지만, 구체적인 전략 수립 단계에서는 별도의 도구와 방법론이 필요할 수 있습니다. 그리고 단순한 질문에만 의존하면 전략적인 아이디어나 창의성이 제한될 수 있습니다.

(2) 다양한 변수 고려의 한계: FAS 3단계는 세 가지 핵심 질문에 초점을 두지만, 실제적인 문제 해결 과정에서는 다양한 변수와 요소가 존재할 수 있습니다. 이를 고려하지 못할 경우, 문제 해결 과정에서 중요한 변수를 놓칠 수 있습니다.

(3) 질문의 일방적인 구조: FAS 3단계는 일련의 질문들로 구성되어 있지만, 팀 구성원 간의 상호 작용과 토론을 장려하지는 않습니다. 이로 인해 다양한 아이디어와 관점, 그리고 참여와 협력의 효과가 제한될 수 있습니다.

FAS 3단계는 간단하고 효과적인 문제 해결 방법론이지만, 모든 상황에 적합하지는 않을 수 있습니다. 그러므로 문제의 복잡성과 다양성, 참여자들의 역량과 상황에 따라 다른 방법론이나 도구를 함께 활용할 필요가 있습니다.

3) KT 4단계 질문법

가) 개념

케프너-트리고 질문법(Kepner-Tregoe method, 이하 KT 4단계 질문법)은 문제 해결과 의사 결정에 활용되는 방법론 중 하나입니다. KT 4단계 질문법은 복잡한 문제를 분석하고 해결하기 위해 체계적이고 구조화된 접근법을 제공합니다. 이 방법론은 다양한 산업 분야에서 사용되고 있으며, 특히 기술적이고 비즈니스적인 문제에 주로 사용됩니다.

KT 4단계 질문법은 다음과 같습니다.

(1) **상황 분석(Situational Analysis)**: 문제 도출 단계로, 문제를 정의하고 분석하기 위해 다음과 같은 질문들을 던집니다.

What (무엇이 문제인가?): 문제의 정확한 정의를 확인합니다.

Where (어디에서 문제가 발생하는가?): 문제가 어떤 위치에서 발생하는지 확인합니다.

When (언제 문제가 발생하는가?): 문제가 언제 발생하는지 확인합니다.

Extent (문제의 범위는 어느 정도인가?): 문제의 영향 범위를 확인합니다.

(2) **문제 분석(Problem Analysis)**: 원인 분석 단계로, 문제의 원인을 파악하기 위해 다음과 같은 질문들을 던집니다.

Why (왜 문제가 발생하는가?): 문제의 근본적인 원인을 확인합니다.

How (어떻게 문제가 발생하는가?): 문제가 어떻게 발생하는지 확인합니다.

(3) **결정 분석(Decision Analysis)**: 해결안 도출 단계로, 가능한 대안들을 평가하고 최선의 결정을 내리기 위해 다음과 같은 질문들을 던집니다.

What are the alternatives (어떤 대안들이 있는가?): 가능한 대안들을 검토합니다.

What are the advantages and disadvantages (각 대안의 장단점은 무엇인가?): 각 대안의 장단점을 평가합니다.

What is the best option (가장 좋은 선택은 무엇인가?): 최선의 선택이 무엇인지 결정합니다.

(4) **잠재적인 문제 분석(Potential Problem Analysis)**: 결정한 대안들의 잠재적인 문제를 예측하고 예방하기 위해 다음과 같은 질문들을 던집니다.

What are the potential problems (어떤 잠재적 문제가 발생할 수 있

는가?): 대안들이 가지고 있는 잠재적인 문제를 예측합니다.

What are the possible causes (가능한 원인들은 무엇인가?): 잠재적인 문제가 발생하게 되는 원인을 분석합니다.

How can we prevent (어떻게 예방할 수 있는가?): 잠재적인 문제를 예방하기 위한 대책을 마련합니다.

KT 4단계 질문법은 체계적이고 구조화된 방식으로 문제 해결과 의사 결정에 접근할 수 있도록 도와줍니다. 각 단계는 문제의 정의, 원인 분석, 대안 평가, 잠재적인 문제 예방에 초점을 맞춥니다. 이를 통해 조직은 더 효율적으로 문제를 해결하고 의사 결정을 내릴 수 있게 됩니다.

나) 적용 사례

KT 4단계 질문법은 NASA의 아폴로 13호 미션에서 문제 해결에 활용된 것으로 알려져 있습니다. 아폴로 13호는 1970년에 발사된 미국의 우주선으로 달에 착륙하는 것이 목표였으나, 우주선 내부에서 발생한 장애로 인해 우주비행사들의 생명을 위협하는 상황이 발생했습니다.

이러한 긴급 상황에서 문제 해결을 위해 KT 4단계 질문법이 사용되었습니다. 우주선 내부의 산소 탱크에 이상이 생기면서 폭발 위험이 증가하였고, 우주 비행사들은 생존을 위해 즉각적인 조치를 취해야 했습니다. 이때 NASA는 다음과 같은 KT 4단계 질문법을 적용하여 상황을 분석하고 해결책을 도출하였습니다.

상황 분석(Situational Analysis): 문제를 정의하고 분석했습니다. 산소 탱크의 이상은 무엇인지, 어디에서 문제가 발생했는지, 언제 문제가 발생했는지 등을 파악했습니다.

문제 분석(Problem Analysis): 문제의 원인을 파악하기 위해 질문을 던졌습니다. 왜 산소 탱크에 이상이 생겼는지, 왜 그런 문제가 발생했는지 등을 분석했습니다.

결정 분석(Decision Analysis): 가능한 대안들을 평가하고 최선의 결정을 내리기 위해 다양한 대안을 고려했습니다. 이를 통해 생존을 위한 긴급 대책으로 탱크를 공급하는 방법과 같은 대안을 도출하였습니다.

잠재적인 문제 분석(Potential Problem Analysis): 결정한 대안의 잠재적인 문제를 예측하고 예방하기 위해 대책을 마련했습니다. 예를 들어, 산소 탱크를 재보충하기 위해서는 다른 우주선과 접속해야 하는데, 이때 발생하는 위험 등을 분석하고 대책을 마련했습니다.

이를 통해 NASA는 아폴로 13호 미션의 긴급 상황에 안전하게 대처하면서 우주 비행사들의 생명을 보호할 수 있었습니다. KT 4단계 질문법은 이와 같은 위기 상황에서도 효과적으로 적용될 수 있는 문제 해결 방법론으로 알려져 있습니다.

다) 장단점과 한계

장점:

(1) 체계적인 접근: KT 4단계 질문법은 체계적이고 구조화된 방법으로 문제를 해결하는 접근법입니다. 각 단계에서 필요한 질문을 제시하고 분석하면서, 체계적으로 문제 해결 과정을 진행할 수 있습니다.

(2) 원인 분석 강화: 문제의 원인을 파악하는 능력을 강화시킵니다. KT 4단계 질문법은 원인 분석에 집중하여 근본적인 원인을 찾아내고, 이를 해결하는 방향으로 진행합니다.

(3) 다양한 대안 고려: 다양한 대안을 고려하고 평가하는 과정을 거치기 때문에 최선의 결정을 내릴 수 있습니다.

(4) 잠재적인 문제 예방: 대안을 선택한 후에도 잠재적인 문제를 예측하고 대비할 수 있습니다. 이를 통해 미리 대책을 마련하여 잠재적인 문제를 예방할 수 있습니다.

단점:

(1) 시간과 노력 필요: 체계적인 방법으로 문제에 접근하기 위해서는 시간과 노력이 필요합니다. 각 단계에서 질문을 제시하고 답을 찾기 위해 분석을 진행하는 과정에서 상대적으로 시간이 많이 소요될 수 있습니다.

(2) 정보 부족 시 제한적: KT 4단계 질문법은 문제 해결에 필요한 충분한 정보와 데이터가 필요합니다. 정보가 부족한 상황에서는 분석과 결정이 제한적일 수 있습니다.

한계점:

(1) 복잡한 문제에 대해서는 한계가 있을 수 있음: KT 4단계 질문법은 단계별로 문제를 분석하고 해결책을 도출하는 접근법이기 때문에, 복잡하고 다양한 변수로 이루어진 문제에 대해서는 한계가 있을 수 있습니다. 이러한 경우에는 다른 문제 해결 방법론이 필요할 수 있습니다.

(2) 주관적인 판단의 영향: KT 4단계 질문법은 의사 결정자의 주관적인 판단에 의존할 수 있습니다. 각 단계에서 문제와 질문에 대한 해석이 의사 결정자에 따라 다를 수 있으며, 이로 인해 결과도 달라질 수 있습니다.

KT 4단계 질문법은 체계적인 접근과 원인 분석에 강점이 있지만, 시간과 정보의 요구, 복잡한 문제에 대한 한계, 주관적 판단의 영향 등과 같은 단점과 한계가 있습니다. 이러한 점을 고려하여 상황에 맞는 문제 해결 방법론을 선택하고 적용하는 것이 중요합니다.

4) 더블 다이아몬드 방법론

더블 다이아몬드 방법론(Double Diamond Problem Solving Model)은 디자인 프로세스를 구조화한 방법론으로, 디자인 사고를 기반으로 한 문제 해결 접근법이라고 할 수 있습니다. 더블 다이아몬드 방법론은 영국 디자인위원회(Design Council)에서 제안한 디자인 씽킹 프로세스 모델로, 문제를 정의하고 해결하는 네 가지 단계를 두 개의 다이아몬드 모양으로 표현한 것이 특징입니다.

더블 다이아몬드 방법론은 기본적으로 문제를 이해하고 정의하는 과정(발견 및 정의, Discover & Define)과 문제 해결 방안을 찾아내고 구현하는 과정(개발 및 전달, Development & Deliver)으로 구분됩니다.

이 방법론에서는 문제 해결 과정을 두 개의 다이아몬드 형태로 표현하며, 문제 정의와 해결 방법 탐색 단계를 반복하여 최적의 해결책을 찾아내는 방식으로 진행됩니다.

더블 다이아몬드 방법론은 아래와 같이 네 가지 단계로 구성됩니다.

① 문제 정의(Discover):
문제 영역을 탐색하고 이해하는 단계입니다. 관련 정보를 수집하고 이해관계자와의 인터뷰, 관찰 등을 통해 문제를 정의합니다. 사용자의 행동(Behavior), 필요(Needs), 태도(Attitudes) 등을 파악하고 문제 영역을 깊이 이해합니다.

② 문제 분석(Define):
문제를 분석하고 정의하는 단계입니다. 수집한 정보와 데이터를 분석하여 핵심 문제를 도출합니다. 사용자의 행동(Behavior), 필요(Needs), 태도(Attitudes) 등을 파악하고 문제 영역을 깊이 이해합니다.

③ 해결 방법 탐색(Develop):

다양한 아이디어를 도출하고 탐색하는 단계입니다. 창의적 사고와 협업을 통해 해결 방법을 개발합니다. 그래픽, 프로토타입, 시뮬레이션 등의 방법을 사용하여 아이디어를 시각화하고 검증합니다.

④ 해결 방법 실행(Deliver):

마지막 단계로 도출된 해결 방법을 구체화하고 실행합니다. 이를 위해 디자인, 개발, 제작 등의 단계를 거칩니다. 프로토타입 제작, 테스트, 반복 개선을 통해 최종적인 해결책을 도출합니다.

더블 다이아몬드 방법론은 문제 해결을 위한 체계적인 접근법을 제공하며, 사용자 중심의 디자인 사고를 강조합니다. 이를 통해 다양한 관점에서 문제를 분석하고 아이디어를 창의적으로 발전시킬 수 있습니다. 또한 반복적인 과정을 통해 문제 해결의 품질과 효과를 높일 수 있습니다.

더블 다이아몬드 방법론은 디자인 씽킹의 프로세스를 이해하고 구조화하는 데 유용한 도구지만, 모든 디자인 문제가 이 모델에 적합하지는 않습니다. 그러므로 디자인 프로젝트의 복잡성과 특성에 따라 유연하게 적용할 필요가 있습니다.

이 방법론은 특히 팀원들의 협력과 의사소통이 중요하며, 각 단계에서 팀원들의 공동 참여와 협력 없이는 효과적인 결과를 얻기 어렵다는 점을 유념할 필요가 있습니다.

5) 5 Why 방법론

가) 개념

5 Why 방법론은 1950년대에 Toyota 자동차에서 처음 개발되었으며, 이후 제조, 서비스, IT 등 다양한 분야에서 사용되는 방법론입니다.

5 Why 방법론은 간단하면서도 효과적인 방법론 중 하나입니다. 이 방법론은 '왜?'라는 질문을 반복적으로 제기함으로써, 문제의 근본적인 원인(Root cause)을 파악하는 것을 목표로 합니다.

5 Why 방법론은 다음과 같은 단계로 진행됩니다.

문제 정의: 문제를 명확하게 정의합니다. 어떤 문제가 발생했는지, 그 문제가 어떤 영향을 미치는지를 이해합니다.

원인 분석: 원인을 파악하기 위해 '왜?'라는 질문을 제기합니다. 이때 첫 번째 원인을 찾기 위해 질문에 답합니다. 그리고 그 답에 대해서 다시 '왜?'라는 질문을 제기하여 다음 원인을 찾아냅니다. 이 과정을 5번 반복합니다.

근본 원인(Root cause) 도출: 5번째 '왜?' 질문을 통해 도출된 원인이 문제의 근본 원인일 가능성이 높습니다. 이 원인을 해결하면 문제가 더 이상 발생하지 않을 수 있습니다.

해결책 도출: 근본 원인을 해결하기 위해 적절한 대책을 마련합니다. 이 단계에서는 문제를 해결하고 예방할 수 있는 실질적인 개선 방안을 도출해 냅니다.

조치 실행: 도출된 해결책을 실행합니다. 문제를 해결하기 위해 필요한 조치를 적용하고 모니터링하여 효과를 확인합니다.

5 Why 방법론은 문제의 근본적인 원인을 파악함으로써 지속적인 문제 해결에 도움을 줍니다. 이 방법론을 사용하면 단순한 대처나 임시적인 조치가 아니라 근본적인 원인을 해결할 수 있으며, 비슷한 문제가 반복해서 발생하는 것을 방지할 수 있습니다.

나) 장점과 단점

장점:

간단하고 직관적인 접근 방법: 단순히 질문을 반복하는 과정을 통해 문제의 근본적인 원인을 파악할 수 있습니다. 이해하기 쉽고 직관적이므로 팀 내에서 쉽게 적용할 수 있습니다.

문제의 근본 원인 파악: 문제의 근본적인 원인을 찾는 데 도움을 줍니다. 이를 통해 지속적인 문제를 해결할 수 있고, 비슷한 문제의 발생을 예방할 수 있습니다.

팀 협업과 의사 결정 강화: 팀 내 의사 결정을 강화하고 문제 해결에 대한 공동 작업을 장려합니다. 팀원들이 함께 문제의 근본 원인을 탐색하고 해결책을 도출함으로써 효과적인 협업을 이끌어낼 수 있습니다.

단점:

주관적인 판단과 한계성: 질문에 대한 답을 주관적으로 해석할 수 있고, 각 질문의 범위와 깊이를 제한할 수 있습니다. 이로 인해 오류가 발생할 수 있고, 모든 문제에 적용하는 데는 한계가 있을 수 있습니다.

단일 원인에 초점: 한 번에 하나의 원인에만 초점을 맞춥니다. 이로 인해 여러 가지 원인이 복합적으로 작용하는 문제에 대해서는 한계가 있을 수 있습니다.

완전한 해결을 보장하지 않음: 문제의 근본 원인을 파악하는 데는 도움을 주지만, 완벽한 해결을 보장하지는 않습니다. 원인을 찾았다고 해서 모든 문제가 해결되는 것은 아니며, 해결책의 효과를 확인하고 조정해야 할 수도 있습니다.

5 Why 방법론은 간단하고 직관적인 접근 방법이지만, 주관적인 판단과 기타 부분에 대한 한계성이 있습니다. 따라서 효과적인 문제 해결을 위해서는 다양한 방법론과 접근법을 조합하여 유연하게 활용하는 것이 중요합니다.

다) 사례

[Example]

미국의 워싱턴 주에 있는 제퍼슨 기념관은 돌로 된 기념관 벽이 심하게 부식되면서 불가피하게 유지 보수 작업을 해야 했습니다. 방문객들은 기념관 관리가 부실하여 훼손된 것이라며 불만을 터트렸고, 기념관의 이미지는 악화되었습니다. 또한 보수 작업 요원들은 청결 유지에 너무 많은 시간을 소모하고 있었고, 그만큼 비용도 증가하고 있었습니다. 제퍼슨 기념관은 이 문제를 5 WHY 방법론으로 해결합니다.

(1) 문제 기술(현재 상태의 구체적 기술): 기념관의 대리석 벽이 심하게 부식되고 있다.

- Why 1: 왜 기념관의 대리석이 부식되고 있는가: 대리석을 비눗물로 너무 자주 닦기 때문이다.

- Why 2: 왜 비눗물로 바닥을 자주 닦는가: 비둘기의 배설물들이 많이 떨어지기 때문이다.

- Why 3: 왜 비둘기가 많은가: 기념관에 비둘기가 좋아하는 먹이인 거미가 많기 때문이다.

- Why 4: 왜 거미가 많은가: 해가 지기 전에 전등을 켜서 거미의 먹이인 나방이 모이기 때문이다.

- Why 5: 왜 해가 지기 전에 전등을 켜는가: 기념관이 관광 명소라서 건물 외관 조명을 다른 건물들보다 일찍 켜기 때문이다.

(2) 해결책: 건물 조명 점등 시간을 늦춘다.

6) 8D 방법론

가) 개념

8D 방법론(8 Disciplines problem solving)은 일반적으로 문제 해결

및 품질 관리 분야에서 사용되는 방법론으로, 포드 자동차에서 개발 및 채택된 문제 해결 접근 방식입니다. 포드 자동차는 품질 관리와 문제 해결을 강조하는 기업 문화가 있으며, 이를 위해 8D 방법론을 적극적으로 활용하고 있습니다. 실제로 8D 방법론은 포드 자동차에서 자체적인 문제 해결 및 품질 개선 프로세스의 핵심 요소입니다. 포드 자동차는 8D 방법론을 통해 문제의 근본 원인을 신속하게 파악하고 올바른 조치를 취하여 재발을 방지하고 품질을 개선하는 데 집중하고 있습니다. 또한 제품 불량, 고객 불만, 공정 문제 등과 같은 다양한 문제를 해결하고 품질을 개선해 나가고 있습니다. 특히, 제조 공정의 안정성과 품질을 높이는 데 효과적으로 활용하고 있습니다.

포드 자동차를 비롯한 많은 기업들이 8D 방법론을 활용하는 이유는 해당 방법론이 체계적이고 구체적인 절차를 제공하며, 팀의 협업과 데이터 분석을 강조하기 때문입니다. 8D 방법론은 팀 기반의 접근 방식으로, 문제를 해결하기 위해 8단계의 절차를 따릅니다. 각 단계는 특정한 목표와 작업을 포함하며, 팀원 간의 협력과 데이터 분석을 강조합니다.

8D 방법론은 다음과 같은 단계로 구성됩니다.

D1: 팀 구성(Team Formation)

문제 해결을 위한 적절한 팀을 구성합니다. 팀원의 역할과 책임을 정의하고 팀 리더를 지정합니다.

D2: 문제 정의(Problem Description)

문제를 명확하게 정의하고, 문제의 범위와 영향을 이해합니다. 문제가 발생한 상황과 관련된 데이터와 정보를 수집합니다. 문제를 야기시킨 조건 및 상태에 관해 육하원칙에 의거하여 설명하며, 계량화할 수 있는 용어로써 발생 상황을 설명합니다.

D3: 긴급 조치(Interim Containment Actions)

문제를 임시로 해결하기 위한 긴급 조치를 수행합니다. 추가적인 손상을 방지하거나 안전을 유지하기 위해 필요한 조치를 취합니다.

D4: 원인 분석(Root Cause Analysis)

문제의 근본 원인을 찾기 위해 원인 분석을 수행합니다. 원인 분석 도구와 기법을 사용하여 원인을 파악합니다.

D5: 올바른 조치 결정(Corrective Actions)

원인 분석을 바탕으로 올바른 조치를 결정합니다. 문제를 해결하고 미래에 발생할 수 있는 문제를 방지하기 위해 영구적인 조치를 수립합니다.

D6: 조치 실행의 효과 검증(Verification of Corrective Actions)

결정된 조치를 실행하고 적용합니다. 조치 계획을 개발하고 효과를 모니터링합니다. 조치의 효과를 검증하고 결과를 평가하며, 문제가 완전히 해결되었는지 확인하고, 추가 조치가 필요한 경우 계획을 수정합니다.

D7: 재발 방지(Preventive Actions)

동일한 문제가 반복되지 않도록 방지 방법을 강구합니다. 공정 개선, 품질 관리 시스템 개선 등을 통해 재발을 방지합니다.

D8: 팀 및 개인 격려(Team & Individual recognition)

팀과 개인의 성과에 대해 격려하고 결과를 공유합니다.

8D 방법론은 체계적인 접근법을 제공하고, 팀이 효과적으로 협력하여 문제를 해결할 수 있도록 돕습니다. 각 단계는 문제 해결 프로세스의 효율성과 효과성을 개선하는 데 중요한 역할을 합니다.

나) 장점과 단점

8D 방법론의 장점과 단점은 다음과 같습니다.

장점:

구조화된 접근: 문제 해결을 위해 구조화된 절차를 제공합니다. 이를 통해 팀은 문제를 체계적으로 분석하고 해결할 수 있습니다.

팀 협업 강화: 다양한 팀원들의 참여와 협업을 장려합니다. 각 단계에서 필요한 팀원들이 모여 문제를 해결하고, 서로 경험과 지식을 공유함으로써 효율적인 문제 해결이 가능합니다.

문제의 근본 원인 파악: 문제의 근본 원인 파악을 강조합니다. 이를 통해 단순히 현재 문제만 해결하는 것이 아니라, 재발 방지를 위한 근본적 조치를 취할 수 있습니다.

지속적인 품질 개선: 품질 개선을 중시합니다. 문제의 해결과 동시에

품질 관리 체계를 개선하여 재발을 방지하고 품질을 지속적으로 향상시킵니다.

단점:

시간과 인력 요구: 구체적인 단계와 데이터 분석이 요구되므로, 많은 시간과 인력이 필요할 수 있습니다. 특히 복잡한 문제의 해결에는 추가적인 노력과 시간이 필요할 수 있습니다.

과도한 문서화: 문제 해결 과정을 문서화하는 것을 강조하므로, 추가적인 문서 작업과 관리가 필요할 수 있으며, 이는 팀에 부담이 될 수 있습니다.

경험에 의존: 팀원들의 경험과 지식 활용을 중요시하므로, 경험 부족이나 지식의 부재로 인해 효과적인 문제 해결이 어려울 수 있습니다.

복잡성과 복잡도: 구체적이고 체계적인 단계를 따라야 하기 때문에 복잡성과 복잡두가 증가할 수 있습니다. 특히 간단하서나 규모가 작은 문제에 대해서는 비효율적일 수 있습니다.

이러한 장단점을 고려하여 8D 방법론을 적용할지 여부를 결정할 수 있습니다. 상황과 문제의 복잡성에 따라 다른 문제 해결 방법론을 선택할 필요도 있습니다.

1) 특허의 역사

현대 특허 제도의 시초는 1474년 베니스에서 제정된 특허법으로 볼 수 있습니다. 멀리 거슬러 올라가면 기원전에도 왕이나 권력자 또는 길드와 같은 사적인 조직에서 인정하는 형태로 독점권을 부여한 사례가 있었지만, 국가에서 법으로 제정하여 새로운 것을 발명한 사람을 보호하는 특허 제도를 운영한 것은 베니스가 최초라고 볼 수 있습니다.

베네치아에서는 1450년에 특허가 일관적으로 부여되기 시작했는데, 독창적이며 새로운 장치는 잠재적인 침해자에 대한 법적 보호를 받기 위해 공화국에 통보해야 했습니다. 법적인 보호 기간은 10년이었습니다. 이러한 특허는 주로 유리 제조 분야에서 이루어졌습니다. 베네치아인들은 새로운 국가와 도시로 이주하면서 유사한 특허 보호 제도를 찾는 과정에서 특허 제도가 확산되었습니다.

세네이트가 1474년에 발행한 베네치아 특허법은 가장 초기의 특허 제도 중 하나입니다. 베네치아 특허법에 의하면 새로운 발명을 신고한 사람에게 10년간 독점권이 부여되었습니다.

프랑스의 앙리 2세는 1555년에 특허에 발명물의 설명을 추가하는 개념을 도입했습니다. 이에 따라 최초로 공개된 특허는 발명가 에이블 푸롱이 신청한 '사용법 및 호미트어 사용 설명서'로 호미트어라는 거리 측정기에 관한 설명서였는데, 특허가 만료된 후 1561년에 발행되었습니다. 프랑스의 특허는 왕권과 '로와의 집(Maison du Roi)' 및 파리 의회와 같은 기관에 의해 부여되었고, 판례집은 1729년부터 비정기적으로 출판되었는데, 공개가 최대 60년까지 지연되기도 하였습니다. 발명품을 대중이 실제 사용하는 것만으로도 충분히 공개한 것으로 간주되었으므로, 조사는 보통 비공개로 이루어졌으며 발명과 관련한 설명은 공개할 필요가 없는 것으로 여겨졌습니다.

영국의 특허 제도는 중세 초기부터 현대의 특허 제도로 변화해 왔는데, 지식 재산을 인정함으로써 발명을 촉진하면서 산업 혁명이 번성할 수 있는 법적 기반이 되었습니다.

16세기에는 영국 왕실이 선정한 사람에게 독점적인 편지 특허를 부여했습니다. 이 권한은 소금과 같은 상품에 대해서도 적용되었는데, 일반적으로 돈을 모으는 데 사용되었습니다. 하지만 이에 대해 대중이 반발하면서 제임스1세는 1624년 모든 기존의 독점권을 철회하고, 새로운 발명 프로젝트에만 특허가 사용되도록 특허 독점 법률을 제정했습니다. 이 법률은 국왕이 고정된 기간 동안 오리지널 발명가나 발명가들에게만 편지 특허를 발급할 수 있도록 권한을 명확하게 제한했습니다. 또한 '왕국 내에서 새로운 제조 방식에 관한 독점'으로 특허와 권리를 부여했습니다. 이 법률은 이후 영국 및 기타 지역에서 특허법의 기반이 되었습니다.

특허법에서 중요한 변화는 18세기 무렵 법률이 진화하는 과정에서 이루어졌습니다. 앤 여왕 시대에는 특허 신청서에 발명의 작동 원리를 완전히 공개해야 했습니다. 그리고 1796년 제임스 와트의 증기 기관 특허를 둘러싼 법정 공방 과정에서, 이미 존재하는 기계의 개선에 대해서도 특허를 부여할 수 있으며 실제적인 적용이 없는 아이디어나 원칙도 법적으로 특허화될 수 있다는 원칙이 확립되었습니다.

영국의 특허 체계는 공통된 법적 전통을 가진 미국, 뉴질랜드, 호주 등 영국 식민지 국가들의 특허법 기초가 되었습니다. 13개 주 식민지에서는 발명가가 특정 식민지 입법 기관에 청원하여 특허를 얻을 수 있었습니다. 1641년에는 이를 통해 사무엘 윈슬로우가 매사추세츠주 의회로부터 소금 제조에 대한 새로운 공정 특허를 받았습니다.

18세기 말, 특허는 존 록의 철학에 영향을 받으면서 단순히 경제적 특권이 아닌 지적 재산 권리의 한 형태로 인식되기 시작했습니다. 이 시기에는 특허법의 부정적인 측면도 등장하였는데, 시장 독점과 다른 발명가의 개선을 막기 위한 특허 권리의 남용이었습니다. 이에 대한 예로는 보울턴 & 왓이 특허가 만료될 때까지 리처드 트레비틱과 같은 경쟁 업체를 법적으로 걸고 넘어지면서 증기 기관 개선을 방지한 일이었습니다.

2) 특허는 종래의 문제점을 해결하는 방법을 제시한다

가) 특허 문서에 나타난 문제 해결

(1) 특허명세서의 의의

특허명세서는 발명 내용을 기재하여 연구 개발한 성과물(발명)을 일반에 공개하고 그 대가로 독점적이고 배타적인 특허권을 부여받기 위하여 특허청에 제출하는 서류로써, 제삼자에게는 기술적 문헌으로 권리자에게는 권리서로 역할을 합니다.

(2) 특허명세서의 구성

① 발명의 명칭

② 도면의 간단한 설명

③ 발명의 상세한 설명(법42조 3항)

현행	종전
가. 발명의 목적 　(1) 발명이 속하는 기술 분야 및 그 분야의 종래 기술 　(2) 발명이 이루고자 하는 기술적 과제 나. 발명의 구성 및 작용 다. 발명의 효과	가. 목적 　(1) 산업상 이용 분야 　(2) 종래 기술 1, 2, 3… 　(3) 발명이 해결하고자 하는 과제 나. 구성 　(1) 과제를 해결하기 위한 수단 　(2) 기능 및 작용 　(3) 실시 예 1, 실시 예 2… 다. 효과

④ 특허청구의 범위(법42조 4·5항)

청구 범위의 기재 일반

- 발명의 상세한 설명에 의하여 뒷받침될 것

- 발명이 명확하고 간결하게 기재될 것

- 발명의 구성에 없어서는 아니되는 사항만으로 기재될 것

청구항의 기재 형식

- 독립청구항: 보호받고자 하는 사항을 독립 형식으로 기재

- 종속청구항: 독립항을 한정하거나 부가, 구체화

⑤ 도면

⑥ 요약서(법43조)

(3) 특허명세서 구조에 나타난 문제 해결

특허명세서에는 [발명이 속하는 기술 분야 및 그 분야의 종래 기술]이라는 항목이 있는데, 여기서는 기존의 기술과 그 기술의 문제점을 함께 기술하게 되어 있습니다. 예를 들면 아래와 같습니다.

> 최근 컴퓨터 관련 기술이 발달함에 따라 기업들은 업무 프로세스 관리(Business Process Management; BPM) 시스템을 도입하고 있다. 업무 프로세스 관리 시스템이란 특정 조직 내의 업무 프로세스를 설계, 실행, 모니터링, 분석하면서 기존의 전산 시스템들을 업무 프로세스에 융합시킬 수 있는 소프트웨어 시스템을 말한다.
> 업무 프로세스 관리 시스템을 도입하면 업무 처리 기간이 단축되고 작업의 오류 발생 가능성이 감소하며 업무 처리의 생산성이 향상되는 등 여러 가지 효과를 기대할 수 있으므로, 이에 대한 관심이 높아지고 있는 실정이다.

이러한 업무 프로세스 관리 시스템을 구현하기 위해서는 작업 흐름 (Workflow) 프로세스의 처리가 요구된다.

작업 흐름 프로세스란 정의된 규칙에 의해 수행되는 자동화된 업무의 프로세스를 말하는 것이다.

기업 환경이 복잡해지고 업무 프로세스 관리 시스템이 발달할수록 복잡한 작업 흐름 프로세스의 처리 요구가 증대되며, 그중에서도 루프 (Loop)를 포함하는 프로세스를 처리할 필요성이 증가되고 있다.

기존에는 이러한 루프를 포함한 작업 흐름 프로세스를 처리함에 있어서 루프 카운트를 이용한 루프 처리 방식을 이용하여 업무 프로세스 관리 시스템을 구현하였다. 그러나 루프 카운트를 이용한 기존의 방식은 복잡한 루프 프로세스의 경우 무한 루프에 빠지는 등 프로세스에 오류가 발생하는 한편, 예상치 못한 결과를 산출하는 등의 이유로 다양한 루프 프로세스를 구현 및 처리하지 못하는 문제점이 있었다.

이처럼 특허는 기존 기술의 문제점을 제기하면서 이를 해결하기 위한 방법을 제시하는 형태의 문서로 만들어져 특허청에 제출되고, 특허청에서는 그 방법이 신규성과 진보성을 만족한다고 판단되면 특허를 허여하게 됩니다.

나) 유럽 특허청의 진보성 판단 방법

유럽의 진보성 심사 기준은 PSA(Problem Solution Approach)입니다. 이는 유럽 특허청에서 주로 사용하는 방법으로, 발명의 진보성을 평가할 때 해결하고자 하는 기술적 과제와 해결 방법에 이르는 길이 얼마나 어려운 것인가에 대한 평가를 통해 접근하는 방법입니다.

　심사관은 객관적이고 예측 가능한 방식으로 진보성을 판단하기 위해서 '문제점-그리고-해결책 접근(Problem-and-solution approach)'을 적용해야 합니다. 이 접근 방식은 다음과 같은 3개의 주요 단계로 구성됩니다.

　① 가장 근접한 종래 기술을 결정
　② 해결해야 할 객관적인 기술적 과제를 확정
　③ 가장 근접한 종래 기술 및 객관적인 기술적 과제를 바탕으로 청구된 발명이 당업자에게 자명한지 검토

　다시 말하면 유럽 특허청의 진보성 판단 기준은 발명이 해결하고자 하는 문제가 무엇이고, 그 문제를 어떤 방식으로 해결하였으며, 그 방법이 기존의 방식에 비해서 어떻게 다른지를 보고 판단하는 것입니다. 다시 말해 어떤 문제를 어떻게 해결하였는지가 핵심이며, 특허는 종래의 문제를 해결하는 방법을 제시하고 이 수준에 따라 특허 허여 여부를 결정한다고 볼 수 있습니다.

3) 문제 해결 방법을 특허로

　위에서 살펴본 것처럼 특허는 어떤 문제를 해결하는 방법을 제시하고 거기에 대한 독점적 권한을 부여받을 수 있도록 하는 제도입니다. 그런데 자신의 발명을 공개하는 대신 독점권이 부여되므로, 특허권을 확

보하기 위해서는 반드시 발명 내용을 공개해야 합니다. 또한 독점권이 영원히 보장되는 것이 아니라 일정 기간 동안만 보장됩니다. 대부분 국가에서는 특허출원일로부터 20년 동안만 특허권이 보장됩니다. 그리고 특허권이 만료된 이후 해당 기술은 누구나 자유롭게 사용할 수 있는 기술이 됩니다. 특허 기술은 출원 이후 공개되고, 특허권이 만료되면 누구나 그 기술 내용에 따라 해당 발명을 구현할 수 있게 되는 것입니다.

따라서 경우에 따라서는 반드시 공개해야 하는 특허로 출원을 하지 않고 노하우로 유지하는 경우도 있습니다. 핵심 기술을 비밀로 유지하면서 보호 기간의 제한 없이 독점적으로 이용하는 것입니다. 대표적으로 코카콜라의 제조 비법은 특허로 출원되지 않고 노하우로 유지되고 있다고 하는데, 정말로 비법이 유지되고 있는지, 그리고 구체적으로 어떤 내용이 비밀로 유지되는지에 대해서는 명확히 알려진 바가 없습니다.

가) 특허와 노하우

문제 해결 방법을 찾았다면 특허를 확보할 것인지, 노하우로 유지할 것인지를 검토해 볼 필요가 있습니다.

위에서 이야기한 것처럼, 어떤 문제를 해결하였다면 그 해결 방법을 특허로 확보할 수 있습니다. 하지만 특허는 특허권이라고 하는 독점권을 확보하는 대신 자기가 발명한 기술을 공개해야 하는 의무가 있습니다. 그리고 특허권은 일정 기간 동안만 보호되며, 그 기간이 지나면 대중에 공유됩니다. 따라서 어떤 발명을 공개하지 않고 타인에게 알리지 않으면서, 해당 발명을 통해 사업을 하고자 한다면 특허보다는 노하우로 유지하는 것도 좋은 방법입니다.

'노하우(knowhow)'는 국어사전에서 '특허하지 아니한 기술로서 기술 경쟁의 유력한 수단이 될 수 있는 정보나 경험 따위의 비밀 기술 정보로서, 특허권과 달리 공시(公示)되는 것이 아니라 개별 계약에 의하여 양도되거나 실시 허락이 이루어진다.'라고 정의되어 있습니다.

어떤 발명을 외부로 공개하지 않고 비밀로 유지할 수만 있다면 특허를 확보하지 않고 노하우로 유지하는 것도 좋은 방법이지만, 문제는 비밀로 유지하기가 어렵다는 점입니다. 대체로 해당 발명이 제품화되어 시장에 공개되면 금세 그 발명의 핵심을 파악할 수 있는 상태가 되기 때문입니다.

따라서 특허를 확보하면서 외부에 공개할 것인지, 노하우로 유지할 것인지는 해당 발명의 특성과 시장의 환경에 따라 결정해야 합니다.

나) 특허 출원 방법

특허는 국가가 특정 발명에 대해 독점적인 권리를 부여하는 것입니다. 이는 발명에 대해 법적으로 보호받을 수 있도록 합니다.

특허 출원은 발명자가 자신의 발명을 법적으로 보호받기 위해 진행하는 절차로서, 다음과 같은 단계로 이루어집니다.

① 발명 아이디어 도출

발명 아이디어 구체화: 발명을 명확하게 설명할 수 있도록 아이디어를 구체화합니다. 이는 발명이 문제를 해결하는 방법, 구조, 구성 요소 등을 명확하게 정의하는 과정입니다.

② 선행 기술 조사

기존 특허 조사: 유사한 발명이나 기술이 이미 특허로 등록되어 있는지 조사합니다. 이는 특허청 데이터베이스나 특허 검색 도구를 통해 수행할 수 있습니다. 선행 기술 조사는 발명의 신규성 및 진보성을 평가하기 위해 필수적입니다.

③ 출원서 작성

출원서 작성: 특허 출원서는 발명의 내용을 구체적으로 설명하는 문서입니다. 여기에는 발명의 명칭, 기술 분야, 발명의 상세한 설명, 청구항 등이 포함됩니다.

명세서: 발명에 관한 상세한 설명을 포함하며, 발명의 배경, 목적, 구성 요소, 작동 원리 등을 설명합니다.

청구항: 발명자가 보호받고자 하는 권리 범위를 정의합니다. 청구항 작성은 매우 중요하며, 명확하고 구체적으로 작성해야 합니다.

④ 출원서 제출

특허청 제출: 작성한 출원서를 특허청에 제출합니다. 온라인으로 제출하거나 우편으로 제출할 수 있습니다.

출원 수수료 납부: 출원서 제출 시 특허청에 출원 수수료를 납부해야

합니다.

⑤ 출원 공개

출원 공개: 특허 출원 후 일정 기간이 지나면 출원 내용이 공개됩니다. 이는 일반적으로 출원한 지 18개월이 지난 후에 이루어집니다. 출원 공개는 제삼자가 해당 발명에 대해 의견을 제시할 수 있도록 하기 위함이기도 합니다.

⑥ 심사

심사 청구: 출원 후 심사를 청구합니다. 심사 청구는 출원과 동시에 하거나 일정 기간 내에 할 수 있습니다.

특허청 심사: 특허청 심사관이 출원서를 검토하고, 발명이 신규성, 진보성, 산업적 이용 가능성을 충족하는지 평가합니다.

보정 및 의견 제출: 심사 과정에서 특허청이 보정을 요구할 수 있으며, 출원자는 이에 대해 보정하거나 의견을 제출할 수 있습니다.

⑦ 등록 결정 및 등록료 납부

등록 결정: 심사를 통과하면 특허 등록 결정이 내려집니다.

등록료 납부: 등록 결정을 받은 후 등록료를 납부해야 합니다. 등록료는 연차별로 납부해야 하며, 미납 시 특허권이 소멸될 수 있습니다.

⑧ 특허권 유지

특허권 유지: 특허가 등록된 후에도 연차 등록료를 납부하여 특허권

을 유지해야 합니다. 특허권은 출원일로부터 20년간 유지됩니다.

특허 출원 시 유의 사항

명확한 설명: 발명을 명확하고 구체적으로 설명하여야 하며, 특히 청구항은 신중하게 작성해야 합니다.

선행 기술 조사: 출원 전에 유사한 특허가 있는지 철저히 조사하여야 합니다.

전문가 상담: 특허 변리사나 전문가의 도움을 받는 것이 중요합니다. 전문가의 조언은 특허 등록의 가능성을 높이고 발명을 충실히 보호받을 수 있도록 해 줍니다.

권리 범위 설정: 특허의 권리 범위가 너무 넓으면 무효화될 위험이 있고, 너무 좁으면 보호 범위가 제한적입니다. 이 부분은 특허 등록 이후 권리를 행사하거나 발명을 보호하는 데 있이시 매우 중요하며, 따라서 변리사나 전문가의 조언을 받아 권리 범위를 설정하여 작성할 필요가 있습니다.

특허 출원은 복잡하고 시간이 많이 소요될 수 있지만, 발명을 보호하고 독점적인 권리를 확보하는 중요한 과정입니다. 각 단계에서 철저한 준비와 신중한 접근이 필요합니다.

다) 특허가 등록되면 생기는 권리

특허 등록을 통해 특허권이라는 독점권을 갖게 됩니다. 이는 해당 발명을 독점적으로 사용, 판매, 제조할 수 있는 권리이므로, 타인에게 특허 라이선스를 부여하여 로열티 수익을 창출할 수 있습니다.

타인이 특허를 침해했을 경우에는 침해를 금지하도록 요구하고, 침해한 부분에 대한 손해 배상을 청구할 수 있습니다. 특히 의도적인 침해인 경우, 통상적인 손해 배상을 넘어 높은 징벌적 배상을 부과하기도 합니다.

(1) 특허 문서를 보는 방법

변리사로서 실무를 하다 보면 특허명세서 초안을 고객에게 보내 주어 특허명세서의 내용이 발명자인 고객이 생각하는 내용과 방향대로 작성이 되었는지 확인하는 과정을 거칩니다.

특허명세서는 양이 적은 경우 약 20페이지 내외이며, 양이 많은 경우에는 50~100페이지에 이르기도 합니다. 특허명세서 초안을 받은 고객은 명세서의 첫 페이지부터 내용들을 꼼꼼하게 읽어 내려가는 경우가 많습니다.

그런데 내용을 하나하나 꼼꼼히 읽다 보면 명세서를 모두 읽는 데 상당한 시간이 필요합니다. 또한 특허명세서는 독자가 읽기 편하게 쓰여져 있는 문서가 아니라 구비해야 할 구성과 구조를 따르면서 작성된 법률 문서이므로 일반인이 읽기에는 난해한 경우가 많습니다.

그러다 보니, 특허명세서 초안을 처음에는 꼼꼼하게 읽어 내려가지만 글도 난해한 데다가 딱딱한 기술적인 내용들만 나열되어 있으므로 금세 집중력이 떨어지고 읽기 힘든 상황이 됩니다. 그러므로 빠르게 내용을 파악하는 요령을 안다면 좀 더 쉽게 내용을 이해할 수 있습니다.

(2) 명세서를 빨리 파악하는 방법

명세서를 빨리 파악하는 방법은 맨 처음부터 시작해서 모든 내용을 읽어 내려가는 것이 아니라, 핵심적인 부분만 먼저 확인해서 전체적인 특징을 확인하는 것입니다.

명세서에서 핵심적인 내용은 뒷부분의 특허청구범위 부분이며, 앞부분의 내용은 상대적으로 중요성이 떨어집니다. 따라서, 명세서에서 특허청구범위를 먼저 읽어 보고 잘 이해가 안 되는 부분이 있으면 발명의 상세한 설명이나 도면을 통해 확인하는 방식으로 읽어 간다면 좀 더 쉽게 내용을 파악할 수 있습니다.

만약 특허청구범위에 기재된 내용이 난해하여 잘 이해가 되지 않는다면, 먼저 도면을 보면서 전체적인 내용을 한번 이해하는 것도 방법입니다.

　사람들은 어떤 문제들을 직면하게 되고 또 이렇게 맞닥뜨리는 문제들을 어떻게 해결할지에 대해 이야기하고자 하지만, 범위를 정하지 않으면 너무나 방대한 이야기를 해야 하므로 어떤 한 분야를 선정하고 해당 분야에서 발생하는 문제점들과 이런 문제들을 어떻게 해결하는지를 살펴보는 방식으로 이야기를 해 보고자 한다.

　우리는 이 책에서 이커머스 분야로 한정해서 특히 국내 이커머스 대표 기업인 쿠팡을 예로 들어 사람들의 문제 해결 방법에 대해 이야기를 해 보고자 한다.

1) 이커머스 분야 선정 이유

　이커머스는 제품의 판매와 구매 그리고 배송의 절차로 구성되는데, 제품의 판매와 구매는 온라인에서 이루어지지만, 상품 배송은 오프라인 상에서 이루어집니다. 이처럼 이커머스 분야는 온라인과 오프라인을 모두 다루기 때문에 하나의 영역만 다루는 분야에 비해 포괄적인 내용이 담겨 있습니다. 그러므로 이커머스 분야에서는 어떠한 문제가 발생하고 이를 어떻게 해결하는지 살펴보는 것은 의미 있는 작업이 될 수 있겠습니다.

2) 이커머스의 역사

가) 해외 이커머스의 역사

1979: Michael Aldrich가 최초로 온라인 쇼핑 시스템 시연.

1981: Minitel에 의해서 온라인 주문 서비스가 시작.

1983: 캘리포니아 주 의회가 "전자 상거래"에 대한 첫 번째 청문회 개최. 캘리포니아는 1984년에 전자상거래법 통과.

1984: Gateshead SIS/Tesco는 최초의 B2C 온라인 쇼핑 시스템.

1990: 팀 버너스리가 NexT 컴퓨터를 이용하는 첫 번째 웹 브라우저 개발.

1992: Book Stacks Unlimited Cleveland가 신용 카드를 통해 온라인으로 책을 판매하는 www.books.com 오픈.

1994: Netscape Navigator 브라우저 출시.

1995: 제프 베조스가 amazon.com 실립.

1995: eBay 설립.

1995: 최초의 광고 없는 24시간 인터넷 전용 라디오 방속국인 Radio HK 및 NetRadio가 방송 시작.

1999: 중국에서 Alibaba Group 설립.

1999: 글로벌 전자 상거래 규모가 1,500억 달러 도달.

2000: 닷컴 붕괴.

2001: eBay가 최대 상거래 사이트가 됨.

2002: eBay가 PayPal을 15억 달러에 인수.

2007: RHDonnelley가 Business.com을 인수.

2014: 미국 전자 상거래 및 온라인 소매 판매 2,940억 달러로 예상.

2015: Amazon.com이 모든 전자 상거래 성장의 절반 차지.

2017: 전 세계 소매 전자 상거래 매출이 전년도보다 24.8% 증가한 2조 3,040억 달러에 달함.

나) 대한민국 이커머스의 역사

대한민국 전자 상거래의 역사는 대한민국 E-Commerce의 역사 문서를 통해 살펴볼 수 있습니다. 이를 요약하면 다음과 같습니다.

1996: 롯데닷컴의 전신인 롯데인터넷백화점, 데이코의 인터파크 오픈. 롯데백화점은 오프라인 백화점의 상품을 온라인으로 판매, 인터파크는 '카테고리 킬러'를 목표로 하였으나 자체 유통망과 브랜드 파워 부족으로 인해 몰앤몰(Mall&Mall) 전략 구사(몰앤몰이란 자사의 쇼핑몰에 타사의 쇼핑몰을 전시판매하는 것으로 상품 경쟁력이 부족할 때 사용).

1998: 대한민국 최초의 인터넷 경매 사이트로 오픈마켓 표방. 오픈마켓은 다수의 사용자가 온라인상에서 상거래를 할 수 있는 가상의 장터 제공.

1999: 온라인 경매 사이트인 구스닥 오픈. 인터파크의 자회사로 창립하였으며, 이후 사명을 G마켓으로 변경.

1999: 전자책 판매 사이트인 Yes24 오픈(1998년 웹폭스로 시작).

2002: 개인/소호몰 플랫폼 서비스인 Cafe24, 메이크샵, 고도몰 등의 솔루션 업체 등장. 전문몰과 소호몰이 증가하면서 온라인 판매 제품

군이 확대. 대기업은 매출이 큰 B2B 시장에 진출.

2003: 도토리라는 사이버 머니를 통해 아바타, 아이템, 음악 등 다양한 콘텐츠를 판매할 수 있는 기반 마련.

2004: 음악 스트리밍 서비스인 멜론 오픈. 이때까지 대한민국 이커머스는 주로 'Me-Too(모방) 전략'을 구사.

2005: 트레저 헌터 사이트인 뽐뿌 오픈.

2006: 아마존 웹 서비스(AWS) 론칭.

2007: 가격 비교 사이트들의 성장. DC인사이드, Slr 클럽 등 카테고리별 전문 쇼핑 커뮤니티 등장.

2007: iPhone 출시, 안드로이드 무료 공개로 모바일 시대 열림. 쇼핑몰 업계는 신뢰도와 충성도를 높이기 위한 전략 수립.

2008: Groupon(2007년 미국에서 설립된 소셜 커머스) 한국 진출.

2008: 아마존 FBA(Fulfillment by Amazon) 특송 운송 서비스를 소호몰들에 제공. 배송과 재고 관리 혁신의 기반 마련.

2009: 아이폰 정식 출시.

2010: 카카오톡 출시. 기프티콘 판매. 쿠팡, 위메프, 티켓몬스터 출시.

2010: 개인 정보 보호에 대한 관심 증대.

2011: 국내 스마트폰 보급률 40% 돌파.

2012: 모바일 퍼스트. 경쟁이 심화되고 시장이 안정함되면서, 상품의 질을 높이는 전략 구사.

2012: 전자 상거래 상품정보제공 고시 시행.

2013: ISMS 의무화 시행. 쿠팡 등에서 FBA 물류 창고를 벤치마킹하여, 물류/재고 경쟁력 강화 시도.

2013: 레진코믹스(안드로이드, iOS, 웹사이트) 오픈.

2014: 모바일 ONLY. 옴니채널 전략(롯데, 신세계 SSG, 더현대닷컴).

2015: 소셜 커머스, 오픈마켓 업종 차이가 무너짐. 쿠팡 로켓배송. 상품 구매에서 배송까지의 seamless 경험 제공. 모든 산업의 이커머스화. 시장의 경계가 무너짐.

2016: 도시락, 프리미엄 식품 배송 등 새로운 상품의 온라인 판매/배송. AR, VR, 채팅, 챗봇, AI, 동영상 등 새로운 기술의 도입 시도. 인플루언서 마케팅/판매의 시작.

2016: AWS 서울리전 추가. 소셜 커머스는 스타트업에서 시작하는 경우가 많은데, AWS 서울리전이 만들어지면서 진입이 쉬워짐.

2017: 이커머스 3.0으로 전환. 고객의 이해. 데이터 처리 기술, ML, AI 기술이 성숙함에 따라서, 상품 추천 서비스 가능해짐.

2018: 온라인 거래액 100조 원 돌파(113조 원). 빅 블러(Big Blur) 현상 심화.

2019: 원데이 프로모션, 1일 배송, HMR(Home Meal Replacement)의 성장. 새벽 배송 시장의 급격한 성장.

다) 이커머스의 발전 단계

① MD를 내부에 두고 물건을 소싱하고 판매: 롯데닷컴, 인터파크

② 오픈마켓 형태로 변화: 지마켓, 옥션

③ 마켓 관련 다양한 플랫폼 등장: 다나와, 벤치마크

④ 소셜커머스의 등장: 상품 및 서비스를 연계하여 판매

⑤ 현재의 쿠팡과 같은 플랫폼 구조

⑥ 마켓컬리의 등장 - 새벽 배송

3) 이커머스 분야의 고민들

이커머스 분야의 대표적인 기업인 쿠팡을 통해 살펴보겠습니다.

온라인 구매 과정

온라인마켓 분야에도 사업자, 구매자, 제품 공급자 등의 플레이어들이 있고, 이들의 유기적인 협업에 의해 구매자가 온라인마켓 플랫폼에서 상품 선택과 결제를 진행하면 배송을 통해 최종적으로 구매자에게 상품이 도달합니다.

그렇다면 이커머스 생태계에서 가장 중요한 역할을 담당하는 온라인마켓 사업자를 중심으로, 온라인 구매 과정에서 각 주체들은 어떤 문제점들에 직면하고, 이를 어떻게 해결해 가고 있는지 살펴보겠습니다.

온라인 구매를 시간의 순서에 따라 아래와 같이 구분할 수 있는데, 각 과정의 흐름에서 어떤 문제점이 있는지, 사업자와 구매자는 어떤 점에 관심이 있는지, 그리고 발생하는 문제는 어떤 방식으로 해결하는지에 대해 살펴보겠습니다.

[온라인 구매 과정]
① 상품을 찾는 과정
② 상품 선택 결정 단계
③ 구매 및 결제 진행
④ 쿠팡 창고에서 상품을 찾고 포장해서 내보내는 단계(fullfilment)
⑤ 배송 단계

플랫폼 사업자는 판매자와 구매자를 연결하여 매출을 증대하는 것에 주력합니다. 이를 위해서는 양쪽 모두를 만족시켜야 합니다. 즉, 더 많은 판매자를 플랫폼에 유치해야 하고, 동시에 더 많은 구매자를 유입시켜야 합니다.

구매자는 가성비가 높은 제품을 선택하여 구매하고자 합니다. **판매자**는 자신의 제품을 노출시켜 판매를 증대시키고 이익을 극대화하려고 하는데, 이를 위해서는 가격, 품질, 정보 등을 통해 구매자를 만족시켜야 합니다.

각 당사자의 관심사를 경쟁 우위의 관점에서 살펴보면 다음과 같습니다:

플랫폼 사업자는 쿠팡과 같은 경쟁 플랫폼으로, 판매자와 구매자를 유입하는 것에 중점을 둬야 합니다. 이를 위해 가격, 상품의 다양성, 빠른 배송 등에서 경쟁력을 갖추려고 노력합니다.

구매자는 경쟁이 아니더라도 좋은 제품이 재고 소진되기 전에 구매하길 원합니다. 이는 수많은 제품 중에서 어떤 것을 선택할 것인지에 관한 고민을 유발합니다.

판매자는 동일한 마켓이나 다른 마켓의 판매 업자와 경쟁에서 우위를 차지하여 판매를 증대해야 합니다. 이를 위해 가격 경쟁력, 품질 경쟁력, 브랜드 인지도 향상, 높은 평가 점수 유지 등의 노력이 필요합니다.

(1) 상품을 찾는 과정

(가) 온라인마켓 사업자(플랫폼 사업자)

① 경쟁 시장 관점

- 기술적 우위: 최신의 기술을 활용하여 구매자(사용자)들이 편리하게 쇼핑할 수 있는 기능을 제공하고 셀러들이 편리하게 제품을 팔 수 있는 환경을 조성, 기술적 우위를 결세의 편의성 등을 통해 제공.

- 플랫폼 정책 및 서비스: 입점 및 상품 업로드를 간편하게 할 수 있도록 정책 및 서비스를 설계.

- 배송 단계 우위: 쿠팡맨과 같이 기존과 다른 배송 구조를 만들어 우위를 차지.

플랫폼 사업자(온라인마켓 사업자) 입장에서는 가능한 많은 구매자들이 플랫폼에 유입되기를 바랄 것입니다. 구매자가 물품을 구매할 수 있는 온라인마켓은 하나만 있는 것이 아니며, 한국의 예를 들면 쿠팡, 네이버, 11번가, 지마켓, 옥션 등 여러 온라인마켓이 존재하고 구매자들은 이들 중에서 하나를 선택해서 사이트나 앱에 접속하여 쇼핑을 합니다.

따라서 온라인마켓 사업자는 소비자가 자신의 마켓 플랫폼으로 들어오도록 하는 것이 가장 첫 번째로 고민해야 하는 부분입니다. 그 다음은 마켓 플랫폼으로 들어온 고객이 다른 마켓으로 이탈하지 않고 자신의 플랫폼을 지속적으로 이용하도록 할 방법을 고민하게 될 것입니다.

쿠팡이나 네이버쇼핑과 같은 마켓 플랫폼들이 멤버십 회원에게 다양한 혜택을 제공하는 것은 다른 플랫폼으로 이탈하지 않고 자사의 플랫폼을 지속적으로 이용하도록 하기 위한 대표적 전략 중 하나입니다.

멤버십은 Lock-in 효과가 커서 Retention율을 높이는 데 기여합니다. 여기에서는 단순한 방문뿐만 아니라 구매까지 이루어져야 합니다.

쿠팡 멤버십 특징: 무료 배송 혜택 제공
네이버 멤버십 특징: 적립금 혜택 제공

또한, 쿠팡 플레이는 단순한 콘텐츠 소비 사업을 넘어서, 플랫폼 유입을 늘리고 유입된 이용자들이 구매로 이어지도록 하는 효과를 기대할 수 있습니다.

온라인마켓 플랫폼 사업자들은 판매량 증대를 위해 다양한 전략을 구사하는데, 이러한 차별화 전략은 주로 기술을 통해 구현된다는 점이 특징입니다.

판매량 증대 전략의 예로는 Cross Selling, Up Selling, Repeated-Purchasing을 들 수 있습니다. Cross Selling은 고객이 특정 상품을 구매할 때 다른 관련 상품도 함께 구매하도록 유도하는 전략으로, 예를 들어 카메라를 구매할 때 메모리 카드나 카메라 가방을 추천하는 것입니다. Up Selling은 같은 카테고리 내에서 고가의 상품을 구매하도록 유도하는 전략으로, 기본 모델의 노트북을 보는 고객에게 더 많은 기능이 포함된 고급 모델을 추천하는 방식입니다. Repeated-Purchasing은 고객이 한 번 구매한 상품을 지속적으로 재구매하도록 유도하는 전략으로, 정기 구매나 반복 구매 시 할인 혜택을 제공하는 것이 이에 해당합니다.

이러한 전략들은 주로 기술을 통해 구현되며, 쿠팡의 특허들을 살펴보면 쿠팡이 전략 달성을 위해 어떠한 기술들을 적용하는지 알 수 있습니다.

예를 들어 묶음 상품 구매 유도 관련 특허는 고객이 묶음 상품을 구매하도록 유도하여 판매량을 높이는 기술로, 관련 상품들을 묶음으로 추천하여 개별 구매 시보다 더 저렴하게 구매할 수 있도록 합니다.

반복 구매 상품 추천 관련 특허는 고객의 구매 패턴을 분석하여 반복 구매를 유도하는 기술로, 반복 구매 고객에게 맞춤형 프로모션이나 상품 딜 정보를 제공합니다.

또한, 예측 상품 사전 배송 관련 특허는 고객이 상품을 주문하기 전에 미리 준비하여 빠른 서비스를 제공하는 기술로, 고객의 구매 패턴을 분석하여 예상되는 상품을 미리 배송 준비하는 기능을 갖추고 있습니다.

마지막으로, 마켓플레이스의 플랫폼 경쟁 우위 전략으로는 경쟁 우위 확보 전략과 디스플레이 맞춤형 화면 제공 전략 등이 있습니다. 경쟁 우위 확보 전략의 목표는 경쟁사 마켓플레이스가 아닌 자사 마켓에서 지속적으로 구매하도록 유도하는 것이며, PB상품(자체 브랜드 상품)으로 생필품을 저렴하게 제공하여 고객을 유인하고, 이를 구매하면서 다른 상품도 함께 구매하도록 유도하는 전략이 그 예입니다. 디스플레이 맞춤형 화면 제공 전략의 목적은 고객의 디바이스 종류(폰, 패드, PC)에 맞춘 최적의 화면을 제공하는 것으로, 디바이스 종류를 파악하여 각 디바이스에 맞는 사용자 경험을 제공함으로써 사용자들의 편의성과 만족도를 높여 경쟁 우위를 확보하는 전략입니다.

이커머스의 코어 밸류

사업 분야마다 코어 밸류가 다릅니다. 일반 물품을 불특정 다수에게 판매하는 이커머스 사업의 핵심 가치는 '더 쉽고, 더 싸고, 더 빠르게'라고 볼 수 있습니다. 하지만 다른 사업 분야의 경우 핵심 가치는 달라질 것입니다. 예를 들면 명품의 코어 밸류는 브랜드 가치, 즉 소비자들에게 인식되는 브랜드 가치와 이미지가 핵심 가치가 될 것입니다.

이처럼 온라인마켓 플랫폼 사업자는 다양한 기술과 전략을 통해 판매량을 극대화하고, 고객이 자사 플랫폼에서 지속적으로 구매하도록 유도합니다. 이러한 전략은 고객에게 더 나은 구매 경험을 제공함으로써 경쟁사 대비 우위를 확보하는 데 중요한 역할을 합니다.

(나) 판매자 - 셀러(제품공급업체)

오픈마켓 플랫폼에서 판매자(seller)의 주요 관심사는 다양한데, 이를 정리하면 다음과 같습니다.

① 판매량과 수익: 판매자는 더 많은 제품을 판매하여 수익을 얻기를 원합니다. 따라서 매출과 이익을 극대화하는 것이 중요합니다.

② 경쟁력 있는 가격: 다른 판매자와 경쟁하려면 가격을 관리하고 경쟁력 있는 가격을 유지하는 것이 중요합니다.

③ 고객 만족도: 장기적인 성공을 위해서는 고객 만족도를 높이는 것이 중요합니다. 판매자는 고객의 의견을 수렴하고 제품 및 서비스 품질을 유지하려고 노력해야 합니다.

④ 재고 관리: 효율적인 재고 관리는 재고의 과다 또는 부족으로 인한 비용을 줄이고, 소비자에게 신속하고 정확하게 제품을 제공하는 데 도움이 됩니다.

⑤ 마케팅 및 홍보: 판매자는 제품을 홍보하고 브랜드 인지도를 높이는 데 투자할 수 있습니다. 이를 통해 신규 고객을 유치하고 기존 고객을 유지할 수 있습니다.

⑥ 피드백 및 리뷰 관리: 고객의 피드백과 리뷰를 주시하고 이에 적절

하게 대응하여 제품 및 서비스 품질을 향상시키는 것이 중요합니다.

⑦ 법률 및 규정 준수: 온라인 판매자는 해당 국가 또는 지역의 법률과 규정을 준수해야 합니다.

⑧ 품질 관리: 고품질의 제품을 생산하고 제공함으로써 고객의 신뢰를 얻을 수 있습니다.

오픈마켓 판매자는 위와 같은 주요 관심사들을 고려하여 비즈니스 전략을 개발하고 운영해야 합니다.

제품의 소싱과 오픈마켓의 선택은 판매자의 비즈니스 전략에서 매우 중요한 부분입니다. 다음은 이와 관련하여 고려해야 하는 주요 사항입니다.

① 제품의 소싱(Sourcing)

신뢰할 수 있는 공급처 신설: 신뢰할 수 있는 제품 공급처를 찾아야 합니다. 공급처는 제품 품질, 가격, 납품 신뢰성 등에 영향을 미칩니다.

- 가격 협상 및 마진 관리: 공급처와의 가격 협상을 통해 제품 구매 비용을 최적화하고, 이를 통해 마진을 관리해야 합니다.

- 품질 통제: 제품 품질을 유지하기 위해 공급처와 협력하여 품질 통제 및 품질 보증 절차를 확립해야 합니다.

- 재고 관리: 재고의 과다 또는 부족으로 인한 비용을 줄이고 정확한

재고 수준을 관리하기 위한 소싱 전략을 개발해야 합니다.

② 오픈마켓의 선택(Marketplace Selection)

- 적합한 오픈마켓 선택: 어떤 오픈마켓 플랫폼에서 제품을 판매할 것인지 결정해야 합니다. 대형 플랫폼(예: 아마존, 이베이) 또는 특정 시장에 특화된 플랫폼 등을 포함하여 고려합니다.

- 수수료 및 요금 구조 이해: 오픈마켓은 판매자에게 수수료와 요금을 부과하는데, 이러한 비용을 이해하고 수익 모델을 고려해야 합니다.

- 시장의 규칙과 정책 이해: 각 오픈마켓 플랫폼은 고유의 규칙과 정책이 있으므로, 이를 준수해야 합니다.

- 경쟁 분석: 선택한 오픈마켓의 상황과 경쟁 업체의 활동을 분석하여 경쟁력을 확보해야 합니다.

③ 다중 채널 전략

판매자는 여러 오픈마켓 플랫폼을 고려하여 다중 채널 전략을 고려할 수 있으며, 플랫폼에 따라 서로 다른 소싱 및 운영 전략을 구축해야 합니다.

이러한 사항을 고려하여 판매자는 비즈니스를 성공적으로 운영하고 제품을 효율적으로 판매하며 수익을 극대화할 수 있습니다.

가격 정책은 오픈마켓 판매자의 비즈니스 전략에서 매우 중요한 부분입니다. 아래는 가격 정책과 관련하여 고려해야 하는 주요 사항입니다.

① 경쟁 분석

경쟁자의 가격을 모니터링하고 이해하는 것이 중요합니다. 경쟁자의 가격에 따라 제품의 가격을 조절하거나 다른 가치 제안을 고려할 수 있습니다.

② 마진 관리

소매 가격과 판매 가격 간의 마진을 고려해야 합니다. 마진은 비용과 수익을 관리하는 데 중요합니다.

③ 가격 유연성

가격을 조정하거나 할인을 제공하는 등 유연성을 유지해야 합니다. 특별한 이벤트, 계절성 판매, 특별 할인 등을 통해 구매자를 유치하고 수익을 극대화할 수 있습니다.

④ 가격 투명성

가격을 투명하게 표시하고 숨겨진 요금이나 부가 서비스에 대한 정보를 제공해야 합니다. 가격 투명성은 고객의 신뢰를 유지하고 불만을 방지하는 데 도움이 됩니다.

⑤ 경매 또는 입찰 모델

일부 오픈마켓 플랫폼에서는 경매 또는 입찰 모델을 사용하는 것이 일반적입니다. 판매자는 경매 설정과 입찰 전략을 이해하고 활용해야 합니다.

⑥ 가격 동기화

동일 제품을 여러 온라인 플랫폼에서 판매하는 경우, 가격을 동기화하여 혼란을 방지하고 고객에게 일관된 가격을 제공해야 할 수 있습니다.

⑦ 세금 및 요금 고려

가격을 정할 때 부가세, 배송료 및 오픈마켓 플랫폼의 수수료를 고려해야 합니다. 가격을 설정할 때 이러한 추가 비용까지 고려해야 합니다.

⑧ 데이터 분석

판매 데이터 분석은 효과적인 가격 전략을 개발하고 향상시키는 데 도움이 됩니다. 구매 패턴, 최저가 검색 및 수요 예측 등을 고려하여 가격을 조정할 수 있습니다.

가격 정책을 효과적으로 관리하고 조정함으로써 제품의 경쟁력을 유지하고 수익을 극대화할 수 있으며, 이를 통해 성공적인 온라인 비즈니스를 구축하고 유지할 수 있습니다.

오픈마켓에서 구매자가 상품을 찾는 검색 단계에 대해 판매자가 고려해야 할 주요 사항은 다음과 같습니다.

① 키워드 및 상품 설명

제목, 설명 및 품목 세부 정보에 관련된 키워드를 효율적으로 적용함으로써 검색 엔진에서 상품이 쉽게 검색될 수 있도록 해야 합니다. 정확하고 기술적인 상품 설명을 제공하고, 검색어 최적화를 고려해야 합니다.

② 이미지 및 비주얼 콘텐츠

상품의 이미지 및 비주얼 콘텐츠는 매우 중요합니다. 고품질의 이미지와 다양한 각도의 사진을 통해 구매자에게 상품을 시각적으로 보여줘야 합니다.

③ 가격 및 할인 정보

가격은 결정적인 요인 중 하나이므로 명확하게 표시하고 할인 혜택을 강조해야 합니다. 할인, 프로모션 및 무료 배송과 같은 혜택을 강조하여 구매 동기를 높일 수 있습니다.

④ 상품 카테고리 및 태그

정확한 상품 카테고리를 선택하고 태그를 활용하여 구매자가 원하는 상품을 쉽게 찾을 수 있도록 해야 합니다.

⑤ 재고 상태

구매자는 상품의 상태에 관심을 가지므로 상품의 재고 상태(예: 신제품, 중고품, 재생품)를 명확하게 표시해야 합니다.

⑥ 상세한 제품 스펙

상세한 제품 스펙을 제공하여 구매자가 상품의 성능과 특징을 이해할 수 있도록 도와야 합니다.

⑦ 배송 및 반품 정보

배송 시간, 비용 및 정책을 명확하게 표시하고 반품 정책을 공개하여 구매자에게 신뢰를 제공해야 합니다.

⑧ 고객 리뷰와 평점

이전 구매자의 리뷰와 평점을 표시함으로써 상품의 신뢰성을 높이고 구매자의 의사 결정에 도움을 줄 수 있습니다.

⑨ 응답 및 지원

구매자의 질문에 빠르게 응답하고 지원 서비스를 제공하여 구매자의 신뢰를 구축하고 만족도를 높일 수 있습니다.

⑩ 모바일 및 데스크톱 호환성

상품 설명과 이미지가 모바일 및 데스크톱 플랫폼에서 모두 잘 표시되도록 보장해야 합니다.

검색 단계에서 이러한 요소를 고려하여 상품을 제공하면 구매자는 더 쉽게 원하는 제품을 찾을 수 있으며, 판매자는 상품 노출 및 판매 기회를 높일 수 있습니다.

효과적인 키워드 및 검색 최적화는 오픈마켓에서 제품을 판매하는 데 매우 중요합니다. 아래는 이를 위한 몇 가지 방법입니다.

① 주요 키워드 연구

관련 검색어 및 트렌드를 파악하기 위해 키워드를 연구합니다. 이를 위해 구매자들이 사용하는 주요 검색어와 관련 용어를 찾습니다.

② 상세하고 명확한 제목

제목에 주요 키워드를 포함하고, 상세하면서도 명확하게 정보를 전달할 수 있도록 합니다. 그러면 검색 결과에서 간결하고 인상적인 제목이 눈에 띨 수 있습니다.

③ 제품 설명 최적화

상품 설명에 주요 키워드를 자연스럽게 통합합니다. 구매자가 검색할 만한 관련 정보를 제공하면서도 글자 수를 적절히 유지하는 것이 중요합니다.

④ 이미지 파일명과 Alt 텍스트 최적화

제품 이미지 파일명과 Alt 텍스트에도 키워드를 포함하여, 이미지 검색을 통해서도 상품명이 노출되도록 합니다.

⑤ 카테고리 및 속성 활용

정확한 카테고리를 선택하고 상세한 제품 속성을 정확하게 입력하여 검색 필터에 노출되도록 합니다.

⑥ 키워드를 활용한 광고

플랫폼이 제공하는 광고 서비스를 활용하여 특정 키워드에 대한 노출도를 높일 수 있습니다. 키워드 광고를 통해 눈에 띄는 위치에서 상품을 홍보합니다.

⑦ 유사어 및 동의어 고려

사용자들이 검색 시 사용할 수 있는 유사어 및 동의어도 고려하여 키워드를 확장합니다. 예를 들어, '스마트폰' 대신 '휴대 전화'나 '모바일 기기'와 같은 용어를 고려할 수 있습니다.

⑧ 경쟁 분석

경쟁자들이 사용하는 키워드를 분석하고, 자주 검색되는 키워드를 확인하여 자신의 키워드 전략을 조정합니다.

⑨ 고객 피드백과 리뷰 고려

이전 구매자의 리뷰에서 나오는 표현이나 키워드를 활용하여 상품 설명을 개선하고 키워드를 추가합니다.

⑩ 계절성 및 트렌드 반영

계절성이나 특정 트렌드에 따라 키워드를 조정하여 검색 트래픽을 높일 수 있습니다.

이러한 효과적인 키워드 및 검색 최적화 전략은 검색 결과에서 상품이 더 효과적으로 노출되어 구매자의 눈에 띄도록 도와줍니다.

이미지 및 비주얼 콘텐츠는 구매자의 시선을 끌고 상품의 실제 모습을 실감나게 전달하는 데 큰 역할을 합니다. 아래는 이미지 및 비주얼 콘텐츠를 준비할 때 고려해야 할 중요한 사항들입니다.

① 고해상도 이미지

고해상도 이미지를 사용해야 합니다. 선명하고 해상도가 높은 이미지는 상품의 세부 사항을 뚜렷하게 보여 주어 구매자가 제품을 시각화할 수 있게 합니다.

② 다양한 각도 및 시점

상품을 다양한 각도에서 찍어서 구매자가 제품의 모든 면을 살펴볼 수 있도록 합니다. 다양한 시점의 이미지를 제공하여 제품의 실제 크기와 형태를 더 잘 이해할 수 있도록 합니다.

③ 크기 및 비율 일관성

웹 페이지에서 일관된 레이아웃을 유지할 수 있도록 이미지의 크기와 비율을 일정하게 조정합니다.

④ 배경 및 조명

단색의 깨끗한 배경을 사용하여 제품을 강조하고, 적절한 조명을 사용하여 그림자와 반사를 최소화합니다.

⑤ 추가 상세 이미지

대형이거나 복잡한 제품의 경우 추가적인 상세 이미지를 제공하여 구매자가 제품의 세부 사항을 더 자세히 확인할 수 있도록 합니다.

⑥ 컨텍스트 제공

제품이 사용되는 실제 환경이나 컨텍스트를 보여주는 이미지를 추가하여 구매자에게 제품의 활용 방법을 시각적으로 전달할 수 있습니다.

⑦ 비주얼 스토리텔링

이미지를 통해 제품의 이야기를 전달하고 브랜드 메시지를 강조할 수 있습니다.

⑧ 이미지 편집 및 보정

이미지를 편집하여 특정 세부 사항을 강조하거나 이미지의 품질을 향상시킬 수 있습니다. 그러나 왜곡되지 않은 실제 제품의 이미지를 제공해야 합니다.

⑨ 모바일 최적화

모바일 사용자들도 쉽게 이미지를 확인할 수 있도록 이미지가 모바일 환경에서도 잘 보이게 최적화해야 합니다.

이러한 사항들을 고려하여 상품 이미지 및 비주얼 콘텐츠를 준비하면 구매자들이 상품에 더 많은 관심을 가질 수 있습니다.

　가격 및 할인 정책은 오픈마켓 판매자에게 중요한 전략적 결정입니다. 아래는 이에 관련하여 고려해야 할 사항들입니다.

① 경쟁 분석

　유사한 제품을 판매하는 경쟁자의 가격을 조사하고 분석합니다. 이를 통해 평균적인 가격을 파악하여 경쟁력 있는 가격을 설정합니다.

② 비용 고려

　제품을 생산하고 판매하는 데 드는 모든 비용을 고려합니다. 원가, 제조비, 운송비, 수수료, 포장 등을 고려하여 합리적인 가격을 설정합니다.

③ 마진 관리

　판매 가격을 설정할 때 원가와 함께 이익 마진을 고려합니다. 마진이 너무 낮으면 수익이 감소할 수 있으며, 너무 높으면 경쟁에서 밀려날 수 있습니다.

④ 시즌이나 이벤트 고려

　계절이나 특정 이벤트(할로윈, 크리스마스, 블랙 프라이데이 등)에 따라 가격을 조정하여 판매를 촉진합니다.

⑤ 할인 및 프로모션

　정기적으로 할인 또는 프로모션을 제공하여 구매 유도를 높일 수 있습니다. 할인 행사나 번들 판매 등을 통해 추가 혜택을 제공합니다.

⑥ 수량 할인 및 쿠폰

대량 구매에 대한 할인을 제공하거나, 쿠폰을 활용하여 특정 조건을 충족하는 구매에 대한 혜택을 부여합니다.

⑦ 반품 및 환불 정책 고려

구매자들이 더욱 신뢰할 수 있도록 적절한 반품 및 환불 정책을 설정합니다. 이는 가격 외에도 구매 결정에 영향을 미칠 수 있습니다.

⑧ 오픈마켓 수수료 고려

해당 오픈마켓 플랫폼에서 부과되는 수수료를 고려하여 제품 가격을 설정합니다.

⑨ 동적 가격 조정

실시간으로 시장 동향을 모니터링하여 필요에 따라 가격을 조정하는 동적 가격 조정 전략을 고려합니다.

⑩ 고객 피드백 반영

고객의 피드백을 수용하고 제품 가격에 대한 구매자들의 반응을 모니터링하여 필요할 경우 가격 정책을 수정합니다.

좋은 가격 및 할인 정책을 통해 경쟁에서 앞설 수 있으며, 구매자들에게 추가적인 가치를 제공하여 판매 성과를 향상시킬 수 있습니다.

[상품의 차별성이나 상품의 uniqueness를 고려하여 가격 설정]

다른 경쟁 상품이 없는 경우와 경쟁 제품이 많은 경우에는 가격을 서로 다르게 설정해야 합니다.

판매량을 극대화하기 위한 가격 및 할인 정책은 다양한 전략을 활용하여 구매자들에게 높은 가치를 제공하는 데 중점을 둬야 합니다. 아래는 이를 위한 몇 가지 전략입니다.

① 번들 할인

여러 가지 제품을 번들로 구매할 경우 전체 가격에서 할인을 제공합니다. 이는 고객들에게 추가적인 가치를 제공하고 매출을 높일 수 있는 효과적인 전략입니다.

② 불규칙적인 할인 이벤트

예측하기 어렵도록 불규칙적인 할인 이벤트를 개최하여 구매자의 호기심을 자극하고 긴장감을 유발할 수 있습니다. 예를 들어, '금요일 반짝세일'과 같은 이벤트를 통해 특별한 혜택을 제공할 수 있습니다.

③ 회원 전용 할인

회원 가입을 유도하고, 회원들에게 특별한 할인 혜택을 제공함으로써 신규 고객을 유치하고 유지할 수 있습니다.

④ 추가 구매에 대한 할인

특정 금액 이상의 구매에 대해 추가적인 할인을 제공하여 평균 주문 금액을 높이고 매출을 증가시킬 수 있습니다.

⑤ 카트에서의 할인 적용

구매자가 장바구니에 제품을 담은 상태에서 특정 코드를 입력할 수 있게 하거나 자동으로 할인을 적용하여 구매 동기를 높일 수 있습니다.

⑥ 첫 구매 할인

첫 구매에 대한 할인을 제공하여 신규 구매자를 확보하고 이후 재구매를 유도할 수 있습니다.

⑦ 계절적 할인 및 이벤트

계절이나 특정 이벤트(크리스마스, 블랙 프라이데이 등)에 따라 할인을 적용하여 판매량을 증가시킬 수 있습니다.

⑧ 특별 그룹 할인

특정 그룹(군인, 학생, 노인 등)에 대한 할인을 제공하여, 해당 그룹의 고객을 유치하고 로열티를 증진할 수 있습니다.

⑨ 소셜 미디어 특별 할인

소셜 미디어에서 특별한 할인 코드를 공유하거나 팔로우하는 것에 대한 혜택을 제공하여, 소셜 미디어 채널을 통한 홍보와 고객 유치를 동시에 이끌어 낼 수 있습니다.

⑩ 고객 리워드 프로그램

구매량에 따라 점진적으로 높아지는 리워드 프로그램을 도입하여 로열티를 증진하고 장기적인 고객 유치를 꾀할 수 있습니다.

이러한 가격 및 할인 전략은 구매자들에게 가치를 제공하고, 장기적으로 매출을 증가시킬 수 있는 방법입니다. 판매자는 시장 동향과 타깃 고객층을 고려하여 적절한 전략을 수립해야 합니다.

(다) 구매자

온라인마켓에서 제품을 사는 구매자는 다음과 같이 분류해 볼 수 있습니다.

① 명확한 니즈가 있는 구매자: 어떤 브랜드의 무슨 제품을 살지 브랜드와 모델명까지 정하고 들어온 구매자는 가격을 중요하게 볼 것입니다.

② 카테고리 정도만 정하고 들어온 구매자: 여러 가지 상품들을 보면서 상품별로 장단점을 비교할 것입니다.

③ 아이쇼핑하는 개념으로 들어와서 시간을 보내는 구매자: 홈 쇼핑이나 라이브 커머스를 재미로 시청하는 시청자들이 이에 해당하며, 이들에게는 니즈를 만들어 주어야 구매가 발생합니다.

③-1 이벤트 상품이나 특가 상품이 있는지 확인하기 위해 오는 구매자: 약간의 목적성이 있습니다.

구매자 입장에서 관심사는 다음과 같습니다.

- 편리하게 구매하고 싶다.

- 저렴하게 구매하고 싶다.

- 원하는 물건들이 있어야 한다(구색이 갖추어져 있어야 한다).

- 물건들을 (짝퉁 걱정 없이) 믿고 구매할 수 있어야 한다.

- 원하는 물건을 쉽게 찾을 수 있어야 한다.

- 배송은 빨라야 한다.

(2) 상품선택 - 의사 결정

(가) 온라인마켓 사업자(플랫폼)

우선 **상품검색이** 편해야 합니다.

그리고 자신의 플랫폼에서 **상품검색**만 하고 구매는 다른 플랫폼에서 하도록 두지 않고, **상품을 검색**한 고객이 선택과 구매를 플랫폼 내에서 하도록 잡아 두는 것이 중요합니다.

검색만 하고 나가는 빈도를 줄이기 위해서는 다른 플랫폼보다 가격을 저렴하게 설정해야 합니다. 다시 말해서 가성비를 만족시켜 줘야 합니다. 이를 위해서는 쿠폰이나 배송비 등에서 **혜택**(benefit)을 제공하는 방법을 사용할 수 있습니다.

고객을 잡아 두는 데 성공했다면, 객단가를 높이기 위해 더 많은 구매를 유도해야 합니다. 구체적으로는 가격이 더 높은 제품을 구매하도록 하거나 다른 제품을 추가로 함께 구매할 수 있도록 합니다. (Up-sale, Cross-sale)

구매자가 제품을 저렴하게 구매하였는지 판단할 때는 쿠폰으로 할인된 금액으로 생각하므로, 플랫폼은 구매자가 쿠폰을 편리하게 사용할 수 있도록 해 주어야 합니다.

객단가 올리기 위한 방법은 다음과 같습니다.
① 단품보다는 묶음 상품을 사도록 유도합니다.
② 더 비싼 제품을 사도록 합니다.
③ 한 제품을 살 때 다른 제품까지 함께 사도록 합니다.

플랫폼에서 효율적으로 추천 상품이 제공되어야 구매로 연결되므로, 구매자가 원하는 수준을 예측하고 거기에 만족하는 상품을 추천하는 것이 좋습니다. 가격대가 너무 높은 제품을 추천하면 구매로 이어지지 않을 수 있으므로 적정한 가격 범위 내에서 가장 좋은 제품을 추천해야 합니다.

(나) 구매자

구매자 입장에서 가장 큰 관심사는 가성비(Price Performance Rate)입니다. 이를 충족하기 위해서는 다음과 같은 내용을 고려해야 합니다.

- 원하는 상품이 명확하게 1개만 있는 경우 감당할 수 있는 가격인지를 고려합니다.

- 성능이 높아지면 가격이 상승할 것이므로, 가용 예산과 성능 수준을 맞춰야 합니다.

- 가성비가 가장 중요한 기준이 됩니다.

(다) 판매자

오픈마켓에서 구매자가 최종적으로 구매를 결정하고 결제하는 단계에서 판매자가 신경 써서 고려해야 할 사항이 있습니다. 몇 가지 주요 고려 사항을 살펴보면 다음과 같습니다.

① 결제 옵션의 다양성

다양한 결제 옵션을 제공하여 구매자가 편리하게 결제할 수 있도록 해야 합니다. 신용 카드, 무통장 입금, 간편결제 등 다양한 결제 수단을 고려할 수 있습니다.

② 보안 및 개인 정보 보호

안전한 결제 환경을 제공하여 고객의 개인 정보를 보호해야 합니다. SSL 암호화와 같은 보안 기술을 활용하여 결제 프로세스를 안전하게 유지해야 합니다.

③ 속도와 편의성

결제 프로세스가 빠르고 간편해야 합니다. 불필요한 단계나 복잡한 과정이 없도록 설계하여 구매자의 편의성을 높여야 합니다.

④ 할인 및 프로모션 적용

할인 코드나 프로모션 코드를 입력할 수 있는 창을 제공하여 구매자
가 할인 혜택을 받을 수 있도록 합니다. 이는 구매 결정을 도울 수 있는
요소입니다.

⑤ 배송 정보 확인

결제 전에 배송 정보를 정확히 확인할 수 있는 기회를 제공합니다. 배
송 주소, 택배사, 배송료 등을 명확하게 표시하여 혼란을 방지합니다.

⑥ 주문 요약 제공

구매자에게 최종 주문 내역을 요약해서 보여 주는 것이 중요합니다.
이를 위해 상품 목록, 가격, 수량, 배송 정보 등을 한눈에 확인할 수 있도
록 구성합니다.

⑦ 고객 지원 및 연락처 제공

결제 전후에 고객이 질문이나 문제를 해결할 수 있도록 연락처를 제
공합니다. 친절하고 신속한 고객 서비스는 신뢰를 증진시킵니다.

⑧ 환불 및 교환 정책 설명

구매자가 결제 전에 환불 및 교환 정책을 명확하게 이해할 수 있도록
제공합니다. 이는 고객에게 안전감을 제공하고 구매 결정에 영향을 미

칠 수 있습니다.

⑨ 모바일 최적화

모바일 기기에서도 편리하게 결제를 할 수 있도록 화면을 최적화합니다. 모바일 사용이 증가하고 있으므로 이를 고려하는 것이 중요합니다.

⑩ 구매 완료 후 피드백 유도

결제 완료 후 구매자에게 피드백을 남기도록 유도합니다. 고객의 의견은 서비스 개선에 도움이 될 수 있습니다.

이러한 사항들은 구매자가 결제를 완료할 때 고려해야 할 중요한 요소들입니다. 이를 통해 구매 경험을 개선하고 구매자의 만족도를 높일 수 있습니다.

(3) 상품 구매 및 결제 진행 단계

(가) 온라인마켓 사업자

온라인마켓 사업자들은 고객들이 결제 단계에서 구매를 포기하지 않도록 편리한 결제 방식을 제공해야 합니다. 또한 결제 사고를 방지하기 위해 보안 문제를 신경 써야 합니다. 초기의 페이팔 사례는 이 점의 중요성을 잘 보여 줍니다. 페이팔은 초창기 결제 보안 문제로 인해 막대한 손실을 입었으나, 이를 해결하기 위해 기술 개발에 투자하였습니다. 이러한 노력을 통해서 손실을 줄일 수 있었고, 이 기술을 바탕으로 팔렌티어라는 회사를 설립하여 나스닥에 상장할 수 있었습니다.

(나) 구매자

구매자는 결제가 편리하게 진행되고 쿠폰을 쉽게 사용할 수 있기를 바라며, 더 많은 할인을 원하기도 합니다. 카카오뱅크의 사례는 사용자 경험(UI/UX)이 얼마나 중요한지를 보여 줍니다. 회원가입 후 다시 로그인을 요구하였던 사례는 대표적인 UI/UX 관련 불편 사례라고 할 수 있습니다.

예를 들면, 핸드폰 구매 시 처음부터 충전된 상태로 제공하지 않으면, 고객은 사용하기 전에 오랜 시간 충전해야 합니다. 이는 핸드폰을 즉시 사용하고자 하는 고객의 기대를 저버리게 됩니다. 마찬가지로 전자 제품에 건전지를 동봉하지 않으면, 고객은 별도로 건전지를 구매해야 하므로 불편을 초래합니다. 이처럼 사소한 구매자의 불편함을 해소해 주는 것도 구매자의 만족도를 높이는 주요 전략이 될 수 있습니다.

[회사의 카드 제휴]

카드 제휴는 회사에 이익을 가져다줄 수 있지만, 이용자들에게는 불편을 줄 수도 있습니다. 카드사가 카드 회원을 한 명 늘리기 위해서는 약 20만 원의 비용이 들기 때문에, 쿠팡 제휴 카드는 쿠팡에 일정한 수익을 제공합니다. Price experience ratio(가격 경험 비율) 관점에서 제휴 카드가 불편하더라도 가격에서 이익이 있다면, 고객은 이를 감수할 것입니다. 이는 각 개인의 가치와 경제력에 따라 판단이 달라질 수 있습니다.

넷플릭스의 광고를 삽입하여 이용료를 낮추는 전략도 이러한 예입니다. 유튜브의 유료 사용자 전환율이 2.5%라는 사례는 참고할 만합니다. 쿠팡의 월 회비가 2,900원에서 4,900원으로 인상된 것도 이러한 전략의 일환입니다. 코스트코와 생협이 연회비를 통해 100% 수익을 내는 것도 마찬가지입니다. 월 회비와 연회비는 회원들에게 혜택을 제공함과 동시에 사업자에게 고정적인 수익을 보장합니다.

멤버십 회비

① 몇 명 이상의 회원이 있어야 이 모델이 작동하는지와, 작은 기업에서도 적용할 수 있는지에 대한 검토는 중요합니다. 예를 들어 네이버는 회원의 지난달 구매량에 따라 얼마나 혜택을 보았는지에 대해 알려줍니다.

② 멤버십 모델이 플랫폼 사업자뿐만 아니라 회원에게도 좋은 윈윈 모델인지 평가해야 합니다.

③ 회비의 수준은 제공되는 혜택과 직접적으로 관련이 있습니다.

④ 회비는 고정적인 수익원으로, 물건을 제공하지 않고도 수익을 창출할 수 있습니다. 또한 락인 효과를 통해 고객이 계속해서 플랫폼을 이용하게 만듭니다.

예를 들어 예스24는 1만 원 이하 상품에 대해 배송료 2,500원을 받는데, 실제 배송 비용은 1,500원 정도입니다. 이를 통해 회사는 매월 상당한 이익을 얻고 있습니다. 익일 배송은 1,300원, 당일 배송은 1,700원으로 추가 비용을 받습니다.

이와 같이, 온라인마켓 플랫폼 사업자들은 다양한 전략과 기술을 통해 고객 경험을 개선하고, 판매량을 증대시키며, 고정적인 수익을 창출하는 데 주력하고 있습니다.

(4) 풀필먼트 및 배송

[풀필먼트]

(가) 온라인마켓 사업자(플랫폼)

전자 상거래 지원을 위한 물류 서비스 수요는 일반적인 무역과 현저하게 다른 특성을 보여줍니다. 일단 거래의 주체가 기업 단위(B2B)에서 개인 고객 단위(B2C)로 세분화됩니다. 이러한 차이로 인해 다품종·소량·다빈도 수요에 대응하기 위한 물류 운영 특성이 요구됩니다. 기존의 창고(Warehouse)가 일반 오프라인 상거래에서 보관(Storage) 기능 중심이었다면, 온라인 상거래에서는 보관 기능 이외에도 피킹(Picking)·패킹(Packing)·소팅(Sorting)·라벨링(Labeling) 등의 기능이 추가됩니다. 이는 풀필먼트(Fulfillment) 센터로 진화되어야 하는 필연적 이유입니다.

또한 처음 물건이 들어왔을 때 벌크로 들어오는 제품을 저장하고 배치하는 이슈도 있습니다.

물류의 프로세스는 다음과 같습니다.

입고 → 배치(Sorting) → 피킹(Picking) → 패킹(Packaging)

이러한 프로세스의 속도는 배송 속도에 절대적인 영향을 끼치는 중요한 부분입니다.

배송 기간이 단축되면 자금 회수가 빨라지므로, 판매자들은 배송이 빠른 플랫폼을 선호할 것입니다.

[배송]

(가) 온라인마켓 사업자(플랫폼)

배송과 관련하여 온라인마켓 사업자는 다음과 같은 점을 고려해야 합니다.

- 배달원이 더 많이 배송하는 데만 관심이 있나면, 배송 과정에서 제품이 망가지거나 상하는 문제가 발생할 수 있으며, 이로 인해 제품이 반품되거나 서비스 만족도가 저하되는 문제가 발생할 수 있습니다.

예를 들어, 우체국 택배는 안전하다는 인식이 있는데, 이는 월급을 받는 배달원이 제품을 배송하기 때문입니다.

- 배송이 진행되는 중에 구매를 취소하는 경우에는 어떻게 할 것인지 고려해야 합니다.

- 배송에 소요되는 비용을 어떻게 하면 줄일 수 있을지 고민해야 합니다. 관련 비용으로는 인건비, 물건 파손, 연료비, 차량 운영 비용 등이 있습니다.

- 기상 상황이 악조건일 경우에도 배송에 문제가 없도록 하기 위해서는 어떻게 할 것인지 고민해야 합니다.

(나) 구매자(수신자)

배송과 관련하여 구매자는 다음과 같은 사항을 원합니다.

- 빠른 배송을 원합니다.
- 배송의 현재 진행 상태를 알고 싶어 합니다.
- 배송의 품질: 배송이 완료되는 시점에 알려 주면 좋습니다.
- 반품을 편리하게 하고 싶어 합니다.
- 식품을 신선하게 배송받고 싶어 합니다.

(다) 판매자

제품을 배송하는 단계에서 판매자가 신경 써서 고려해야 할 사항은 다음과 같습니다.

① 빠른 배송 및 트래킹 제공

구매자는 구매한 제품이 빠르게 배송되고, 배송 상태를 실시간으로 추적할 수 있기를 기대합니다. 그러므로 투명하고 신속한 배송 서비스는 고객 만족도를 높일 수 있습니다.

② 안전한 포장 및 상품 보호

상품을 안전하게 포장하여 손상되지 않도록 하는 것이 중요합니다. 고객에게 손상 없이 완전한 제품을 전달함으로써 이러한 불만을 방지할 수 있습니다.

③ 배송 옵션 다양성

다양한 배송 옵션을 제공하여 고객이 편리한 시간에 상품을 수령할 수 있도록 합니다. 예를 들어, 특정 날짜에 배송하는 서비스 등을 제공할 수 있습니다.

④ 배송료 투명성

배송료를 명시적으로 표기하고, 고객이 추가적인 비용을 지불해야 하는 경우 사전에 알리는 것이 중요합니다.

⑤ 국제 배송 서비스

해외 판매의 경우 국제 배송 서비스를 고려해야 합니다. 관세 및 세금에 대한 정보를 제공하고, 배송 소요 시간을 명시하는 것이 중요합니다.

⑥ 배송 후속 서비스

상품이 고객에게 도착한 후에도 만족스러운 서비스를 제공해야 합니다. 배송 후 문제가 발생할 경우, 신속하게 대응하고 문제를 해결하는 것이 중요합니다.

⑦ 환불 및 교환 정책

상품이 손상되거나 고객의 기대에 미치지 못할 경우를 대비해 환불 및 교환 정책을 명확하게 제시해야 합니다.

⑧ 고객 의견 수집

구매자의 피드백을 수집하고, 배송 과정에서 발생하는 어떠한 문제에 대해서도 신속하게 대응하여 고객 경험을 개선해야 합니다.

⑨ 지속적인 통신

구매자에게 상품의 출발과 도착에 대한 정보를 제공하는 등 지속적인 통신을 유지하는 것이 중요합니다.

⑩ 지속 가능한 포장 및 배송

환경에 친숙한 포장 및 배송 방법을 고려하여 지속 가능한 비즈니스 모델을 적용하는 것도 중요합니다.

이러한 사항들을 고려하여 효율적이고 만족스러운 배송 서비스를 제공함으로써 고객 만족도를 높이고, 재구매를 유도할 수 있습니다.

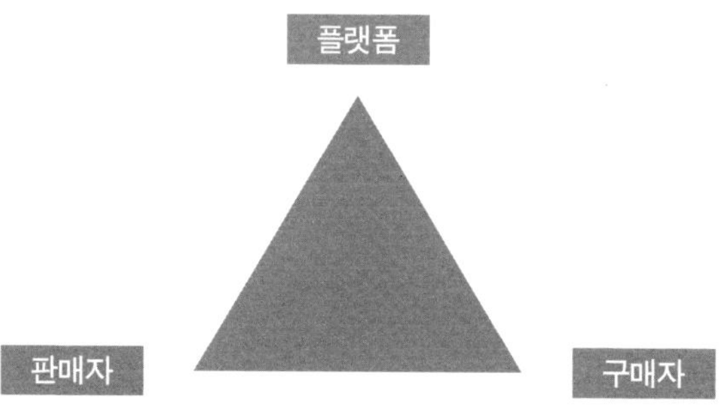

(라) 배송원(배달원)

배송 단계에서 배송원이 고려해야 할 사항은 다음과 같습니다.

얼마나 빨리 배송할 것인지 고려합니다.

① 물류 센터에서 시간을 줄이는 부분

② 배달하는 과정에서 시간을 줄이는 부분

③ 밀집 지역에서는 많은 건을 빠르게 처리 가능

쿠팡은 전국에 30곳의 물류 센터를 마련하여, 배송지와 가장 가까운 물류 센터에서 배송이 가능합니다.

빠른 배송은 배달보다는 물류 시스템에 달려 있습니다.

빠른 배송을 위해서는 다음 사항을 고려해야 합니다.

① 재고가 창고에 있어야 합니다. (가장 중요한 이슈)

② 물류 시스템을 통해 재고가 적정한 창고에 배치되어 있어야 하고, 해당 물품에 대한 픽업과 상차가 신속하게 진행되어야 합니다.

③ 배달원이 빠르게 배송을 해야 합니다. (마이너한 이슈)

3

제품을
잘 알리기 위한
브랜드의
역할은?

1) 브랜드에 대한 다양한 정의

현대 마케팅에서 중요한 개념으로 간주되는 브랜드는 여러 학자와 전문가들에 의해 다양하게 정의되어 왔습니다. 다음은 브랜드에 대한 대표적인 정의들입니다.

미국 마케팅협회는 '제품이나 서비스를 경쟁자의 그것과 구별하기 위해 붙인 이름, 심벌, 디자인 또는 그들의 조합'이라고 정의합니다. 여기서는 브랜드의 기본적인 식별 기능을 강조합니다.

Philip Kotler는 '다른 경쟁자들의 제품이나 서비스와 차별화하기 위해 사용하는 이름, 용어, 신호, 심벌, 디자인 혹은 이들의 다양한 결합'이라고 설명합니다. 여기서는 브랜드가 경쟁 우위를 위해 사용되는 요소들의 조합임을 나타냅니다.

David Ogilvy는 '복잡한 상징'으로 묘사하며, '한 제품의 속성, 이름, 가격, 역사, 평판, 그리고 광고 내용을 포함하는 무형의 집합체'라고 말합니다. 이는 브랜드가 단순한 외형적 요소를 넘어 다양한 무형 자산을 포함한다는 점을 강조합니다.

Bernd Schmitt는 '소비자가 마음속으로 갖고 있는 다른 기업, 상품, 서비스, 비즈니스 모델과 차이 나는 독특한 그 무엇'이라고 정의합니다. 여기서는 브랜드가 소비자의 인식에서 비롯된 독특한 가치를 지닌다는 점을 강조합니다.

Marty Neumeier는 '당신이 말하는 그 무엇이 아니라, 그들이 말하는 그 무엇'이라고 말합니다. 이는 브랜드의 본질이 기업의 주장보다는 소비자의 인식과 해석에 달려 있음을 강조합니다.

Brigitte Borja de Mozota는 '어떤 이름이나 상징 그 이상의 것'으로 보고, '진정한 브랜딩은 브랜드를 구성하는 경험이나 약속의 교류'라고 설명합니다. 여기서는 브랜드가 단순한 표시 이상의 경험과 약속을 포함하는 개념임을 강조합니다.

Ashley Friedlein은 '대중이 특정한 조직에 가진 인식의 총합'이라고 정의합니다. 즉, 브랜드는 특정 조직에 대한 대중의 전반적인 인식으로 구성된다고 봅니다.

이처럼 다양한 정의들은 각각의 관점에서 브랜드의 본질과 역할을 설명하고 있습니다. 브랜드는 단순한 이름이나 심벌 이상의 의미를 지니며, 소비자의 인식과 경험을 통해 형성되는 복합적인 개념입니다.

2) 브랜드의 어원과 의미

브랜드라는 용어는 '굽다'라는 의미를 가진 고대 노르웨이 단어에서 파생된 것으로, 앵글로색슨족이 불에 달군 인두로 자신의 가축에 낙인을 찍어 소유물을 확인하는 데서 유래되었습니다. 초기에는 상품이나 아이템을 제조하는 사람, 또는 공급자를 의미하는 말이었지만, 시간이 지나면서 소, 말, 양 또는 다른 소유물에도 사용하게 되었습니다. 기원전 로마 시대에도 특정 제조자 또는 특정 제조 지역 등을 나타내기 위해 상품의 외관 또는 바닥 등에 표기한 사례가 다수 있습니다. 브랜드는 상업이 발전하면서 상품의 원료나 근원지를 표시하거나, 상품의 제작자를 다른 사람들과 구분하기 위해 사용되기도 했습니다. 중세 유럽의 길드에서는 모방품에 대한 보호 장치로 사용했습니다. 이처럼 표식은 현대의 브랜드 또는 상표와 유사한 역할을 했다고 역사학자들은 분석하고 있습니다.

오늘날 브랜드는 제품이나 서비스를 판매하거나 제조하는 모든 것에 적용됩니다. 제품이나 서비스뿐만 아니라 국가, 도시, 사람 등 브랜드의 적용 범위는 매우 넓습니다. 상표(Trademark)로서 브랜드는 판매자가 상품이나 서비스를 차별화하기 위해 사용하는 독특한 이름이나 상징물(로고, 등록 상표, 포장 디자인 등)을 의미합니다. 즉, 상표(Trademark)는 브랜드의 법률적 용어에 해당한다고 볼 수 있습니다.

브랜드는 품질과 가치, 편익, 적용 범위 등 제품과 관련된 특징 이상의 개념입니다. 모든 브랜드는 제조 업체가 생산하는 제품을 포함하지만, 소비자가 제품에 그 이상의 의미를 부여하지 않는다면 제품이 브랜드가 되지는 않습니다. 다시 말해 제품은 공장에서 만들지만, 브랜드는 소비자가 특별한 의미를 부여해야 합니다.

브랜드의 출발점은 기업이 제품을 디자인하여 생산하고 이름, 로고, 상징 등 외형적 표시를 추가하는 것입니다. 브랜드는 제품의 외형적 표시뿐만 아니라 다양한 채널을 통해 소비자와 감각적이며 정서적인 교류를 합니다. 이를 통해 하나의 라이프 스타일로 자리 잡으면서 소비자의 생활 속에 깊게 관여합니다. 이러한 일련의 과정이 브랜딩입니다. 브랜드가 시장에 존재하는 이유는 다른 브랜드와 다르다는 점에 있습니다. 강력한 브랜드는 다른 어느 브랜드도 채워 주지 못하는 차별적 가치를 소비자에게 제공합니다.

브랜드의 중요성이 커지면서 기업은 전략적인 방식으로 브랜드 관리에 접근하게 되었습니다. 브랜드를 시장 성공의 중요한 요소로 인식한 지는 오래되지 않았습니다. 기업의 인수·합병이 활발해지면서 무형의 브랜드 가치를 자산 가치로 다루기 시작하였고, 단기적인 판촉 전략이 브랜드 가치를 하락시키고 고객을 잃게 함으로써 장기적으로 재정적 어려움을 초래하는 경험을 통해 기업은 브랜드 관리의 필요성을 인식했습니다. 현재 브랜드 관리는 기업의 정체성을 확립하고 장기적인 고객 충성도를 확보하는 데 필수적인 요소로, 기업의 철학과 가치를 소비자에게 전달하는 중요한 수단이 되었습니다.

브랜드 관리는 기업의 지속 가능성과 밀접하게 연결됩니다. 예를 들어 환경 친화적인 이미지, 사회적 책임을 다하는 기업이라는 인식을 통해 브랜드는 단순한 제품 이상으로 소비자와의 깊은 신뢰 관계를 구축할 수 있습니다. 이는 브랜드의 장기적인 성공을 위해 필수적인 요소로 자리 잡고 있습니다.

결론적으로, 브랜드는 단순한 이름이나 심벌 이상의 의미로, 소비자의 인식과 경험을 통해 형성되는 복합적인 개념입니다. 기업은 브랜드 관리를 통해 제품의 가치를 높이고 차별화된 브랜드 경험을 제공함으로써 시장에서 경쟁력을 강화할 수 있습니다.

상표를 보호하는 대표적인 2가지 법령은 상표법과 부정경쟁방지법입니다.

상표법은 '상표를 보호함으로써 상표 사용자의 업무상 신용 유지를 도모하여 산업 발전에 이바지함과 아울러 수요자의 이익을 보호함'을 목적으로 하고, 부정경쟁방지법은 '국내에 널리 알려진 타인의 상표·상호 등을 부정하게 사용하는 등의 부정경쟁행위와 타인의 영업 비밀을 침해하는 행위를 방지하여 건전한 거래 질서를 유지함'을 목적으로 합니다. 하지만, 두 가지 법 모두 상표의 사용에 의한 부정 경쟁을 방지하는 것을 목적으로 한다는 측면은 동일히다고 볼 수 있습니다.

상표법은 특허청에 상표 출원을 하여 등록된 경우 해당 상표에 대한 독점적이며 배타적인 권리를 부여하여 상표를 보호할 수 있도록 합니다. 또한 이를 침해하는 경우에는 상표권을 근거로 침해를 금지할 수 있도록 하고 있습니다.

부정경쟁방지법은 상표 등록이 되지 않은 미등록 상표라 할지라도 경쟁 질서에 반하는 방식으로 상표를 사용하는 행위에 대해 제재를 가할 수 있도록 하고 있습니다. 상표법의 보호 대상에서 빠진 표식에 대한 침해와 경쟁 질서를 교란하는 불공정한 행위를 금지하고, 이러한 행위에 의한 침해를 방지하고 구제하는 것을 내용으로 하는 특수한 형태의 불법행위법을 규정함으로써 공정한 경쟁 질서의 확립을 도모하고 있습니다.

1) 상표법에 의한 보호

사전적으로 브랜드는 상표와 같은 뜻이므로, 브랜드가 보호되는가는 상표가 보호되는가와 같은 질문이 됩니다. 그런데 상표는 보호가 가능하지만, 상표라고 해서 무조건 보호가 되는 것은 아닙니다.

'상표권'은 국어사전에서 '공업 소유권의 하나. 특허청에 등록한 상표를 지정 상품에 독점적으로 사용할 수 있는 권리'라고 정의되어 있으므로 상표권은 브랜드에 대해 부여되는 법적인 독점권이라고 할 수 있으며, 특허청을 통해 일정한 절차를 거쳐서 등록하면 상표법에 의해 독점권이 부여됩니다.

상표에 관한 법적 보호를 규율하는 것은 '상표법'인데, 상표법 제1조에는 다음과 같이 명시되어 있습니다.

'상표법 제1조(목적) 이 법은 상표를 보호함으로써 상표 사용자의 업무상 신용 유지를 도모하여 산업발전에 이바지하고 수요자의 이익을 보호함을 목적으로 한다.'

다시 말해 상표법의 목적은 상표를 보호하고 상표 사용자인 상표권자의 업무상 신용 유지를 도모함으로써 산업 발전에 이바지하고 수요자, 즉 소비자의 이익을 보호하는 것입니다.

그런데 위에서 상표라고 해서 무조건 보호가 되는 것이 아니라고 하였는데, 그렇다면 어떤 상표들이 보호되는지 상표법을 통해 살펴보겠습니다.

상표법 제3조에서는 '국내에서 상표를 사용하는 자 또는 사용하려는 자는 자기의 상표를 등록받을 수 있다.'라고 규정하고 있으므로, 국내에서 상표를 사용하거나 앞으로 사용할 계획이 있다면 상표 등록을 받을 수 있습니다.

그리고 상표법 제33조에서는 상표 등록의 요건을 규정하면서 등록이 불가능한 사유를 기재하여, 이러한 사유에 해당하지 않는다면 상표 등록을 받을 수 있다고 규정하고 있습니다.

제33조(상표등록의 요건)
① 다음 각 호의 어느 하나에 해당하는 상표를 제외하고는 상표등록을 받을 수 있다.
1. 그 상품의 보통명칭을 보통으로 사용하는 방법으로 표시한 표장만으로 된 상표
2. 그 상품에 대하여 관용(慣用)하는 상표
3. 그 상품의 산지(産地) · 품질 · 원재료 · 효능 · 용도 · 수량 · 형상 · 가격 · 생산방법 · 가공방법 · 사용방법 또는 시기를 보통으로 사용하는 방법으로 표시한 표장만으로 된 상표

4. 현저한 지리적 명칭이나 그 약어(略語) 또는 지도만으로 된 상표
5. 흔히 있는 성(姓) 또는 명칭을 보통으로 사용하는 방법으로 표시한 표장만으로 된 상표
6. 간단하고 흔히 있는 표장만으로 된 상표
7. 제1호부터 제6호까지에 해당하는 상표 외에 수요자가 누구의 업무에 관련된 상품을 표시하는 것인가를 식별할 수 없는 상표

② 제1항제3호부터 제6호까지에 해당하는 상표라도 상표등록출원 전부터 그 상표를 사용한 결과 수요자 간에 특정인의 상품에 관한 출처를 표시하는 것으로 식별할 수 있게 된 경우에는 그 상표를 사용한 상품에 한정하여 상표등록을 받을 수 있다.

③ 제1항제3호(산지로 한정한다) 또는 제4호에 해당하는 표장이라도 그 표장이 특정 상품에 대한 지리적 표시인 경우에는 그 지리적 표시를 사용한 상품을 지정상품(제38조제1항에 따라 지정한 상품 및 제86조제1항에 따라 추가로 지정한 상품을 말한다. 이하 같다)으로 하여 지리적 표시 단체표장등록을 받을 수 있다.

또한, 상표법 제34조에서는 추가적으로 상표 등록을 받을 수 없는 상표를 규정하고 있습니다.

제34조(상표등록을 받을 수 없는 상표)
① 제33조에도 불구하고 다음 각 호의 어느 하나에 해당하는 상표에 대해서는 상표등록을 받을 수 없다.
1. 국가의 국기(國旗) 및 국제기구의 기장(記章) 등으로서 다음 각 목의 어느 하나에 해당하는 상표

가. 대한민국의 국기, 국장(國章), 군기(軍旗), 훈장, 포장(褒章), 기장, 대한민국이나 공공기관의 감독용 또는 증명용 인장(印章)·기호와 동일·유사한 상표

나. 「공업소유권의 보호를 위한 파리 협약」(이하 "파리협약"이라 한다) 동맹국, 세계무역기구 회원국 또는 「상표법조약」 체약국(이하 이 항에서 "동맹국등"이라 한다)의 국기와 동일·유사한 상표

다. 국제적십자, 국제올림픽위원회 또는 저명(著名)한 국제기관의 명칭, 약칭, 표장과 동일·유사한 상표. 다만, 그 기관이 자기의 명칭, 약칭 또는 표장을 상표등록출원한 경우에는 상표등록을 받을 수 있다.

라. 파리협약 제6조의3에 따라 세계지식재산기구로부터 통지받아 특허청장이 지정한 동맹국등의 문장(紋章), 기(旗), 훈장, 포장 또는 기장이나 동맹국등이 가입한 정부 간 국제기구의 명칭, 약칭, 문장, 기, 훈장, 포장 또는 는 기장과 동일·유사한 상표. 다만, 그 동맹국등이 가입한 정부 간 국제기구가 자기의 명칭·약칭, 표장을 상표등록출원한 경우에는 상표등록을 받을 수 있다.

마. 파리협약 제6조의3에 따라 세계지식재산기구로부터 통지받아 특허청장이 지정한 동맹국등이나 그 공공기관의 감독용 또는 증명용 인장·기호와 동일·유사한 상표로서 그 인장 또는 기호가 사용되고 있는 상품과 동일·유사한 상품에 대하여 사용하는 상표

2. 국가·인종·민족·공공단체·종교 또는 저명한 고인(故人)과의 관계를 거짓으로 표시하거나 이들을 비방 또는 모욕하거나 이들에 대한 평판을 나쁘게 할 우려가 있는 상표

3. 국가·공공단체 또는 이들의 기관과 공익법인의 비영리 업무나 공익사업을 표시하는 표장으로서 저명한 것과 동일·유사한 상표. 다만, 그 국가 등이 자기의 표장을 상표등록출원한 경우에는 상표등록을 받을 수 있다.

4. 상표 그 자체 또는 상표가 상품에 사용되는 경우 수요자에게 주는 의미와 내용 등이 일반인의 통상적인 도덕관념인 선량한 풍속에 어긋나는 등 공공의 질서를 해칠 우려가 있는 상표

5. 정부가 개최하거나 정부의 승인을 받아 개최하는 박람회 또는 외국정부가 개최하거나 외국정부의 승인을 받아 개최하는 박람회의 상패·상장 또는 포장과 동일·유사한 표장이 있는 상표. 다만, 그 박람회에서 수상한 자가 그 수상한 상품에 관하여 상표의 일부로서 그 표장을 사용하는 경우에는 상표등록을 받을 수 있다.

6. 저명한 타인의 성명·명칭 또는 상호·초상·서명·인장·아호(雅號)·예명(藝名)·필명(筆名) 또는 이들의 약칭을 포함하는 상표. 다만, 그 타인의 승낙을 받은 경우에는 상표등록을 받을 수 있다.

7. 선출원(先出願)에 의한 타인의 등록상표(등록된 지리적 표시 단체표장은 제외한다)와 동일·유사한 상표로서 그 지정상품과 동일·유사한 상품에 사용하는 상표

8. 선출원에 의한 타인의 등록된 지리적 표시 단체표장과 동일·유사한 상표로서 그 지정상품과 동일하다고 인식되어 있는 상품에 사용하는 상표

9. 타인의 상품을 표시하는 것이라고 수요자들에게 널리 인식되어 있는 상표(지리적 표시는 제외한다)와 동일·유사한 상표로서 그 타인의 상품과 동일·유사한 상품에 사용하는 상표

10. 특정 지역의 상품을 표시하는 것이라고 수요자들에게 널리 인식되어 있는 타인의 지리적 표시와 동일·유사한 상표로서 그 지리적 표시를 사용하는 상품과 동일하다고 인정되어 있는 상품에 사용하는 상표

11. 수요자들에게 현저하게 인식되어 있는 타인의 상품이나 영업과 혼동을 일으키게 하거나 그 식별력 또는 명성을 손상시킬 염려가 있는 상표

12. 상품의 품질을 오인하게 하거나 수요자를 기만할 염려가 있는 상표

13. 국내 또는 외국의 수요자들에게 특정인의 상품을 표시하는 것이라고 인식되어 있는 상표(지리적 표시는 제외한다)와 동일·유사한 상표로서 부당한 이익을 얻으려 하거나 그 특정인에게 손해를 입히려고 하는 등 부정한 목적으로 사용하는 상표

14. 국내 또는 외국의 수요자들에게 특정 지역의 상품을 표시하는 것이라고 인식되어 있는 지리적 표시와 동일·유사한 상표로서 부당한 이익을 얻으려 하거나 그 지리적 표시의 정당한 사용자에게 손해를 입히려고 하는 등 부정한 목적으로 사용하는 상표

15. 상표등록을 받으려는 상품 또는 그 상품의 포장의 기능을 확보하는 데 꼭 필요한(서비스의 경우에는 그 이용과 목적에 꼭 필요한 경우를 말한다) 입체적 형상, 색채, 색채의 조합, 소리 또는 냄새만으로 된 상표

16. 세계무역기구 회원국 내의 포도주 또는 증류주의 산지에 관한 지리적 표시로서 구성되거나 그 지리적 표시를 포함하는 상표로서 포도주 또는 증류주에 사용하려는 상표. 다만, 지리적 표시의 정당한 사용자가 해당 상품을 지정상품으로 하여 제36조제5항에 따른 지리적 표시 단체표장등록 출원을 한 경우에는 상표등록을 받을 수 있다.

17. 「식물신품종 보호법」 제109조에 따라 등록된 품종명칭과 동일·유사한 상표로서 그 품종명칭과 동일·유사한 상품에 대하여 사용하는 상표

18. 「농수산물 품질관리법」 제32조에 따라 등록된 타인의 지리적 표시와 동일·유사한 상표로서 그 지리적 표시를 사용하는 상품과 동일하다고 인정되는 상품에 사용하는 상표

19. 대한민국이 외국과 양자간(兩者間) 또는 다자간(多者間)으로 체결하여 발효된 자유무역협정에 따라 보호하는 타인의 지리적 표시와 동일·유사한 상표 또는 그 지리적 표시로 구성되거나 그 지리적 표시를 포함하는 상표로서 지리적 표시를 사용하는 상품과 동일하다고 인정되는 상품에 사용하는 상표

20. 동업·고용 등 계약관계나 업무상 거래관계 또는 그 밖의 관계를 통하여 타인이 사용하거나 사용을 준비 중인 상표임을 알면서 그 상표와 동일·유사한 상표를 동일·유사한 상품에 등록출원한 상표

21. 조약당사국에 등록된 상표와 동일·유사한 상표로서 그 등록된 상표에 관한 권리를 가진 자와의 동업·고용 등 계약관계나 업무상 거래관계 또는 그 밖의 관계에 있거나 있었던 자가 그 상표에 관한 권리를 가진 자의 동의를 받지 아니하고 그 상표의 지정상품과 동일·유사한 상품을 지정상품으로 하여 등록출원한 상표

위에서 살펴본 것처럼, 브랜드 또는 상표와 관련하여 많은 단어가 혼

용되고 있으며, 브랜드는 상표법에 의해 일정 부분 보호됩니다. 상표법 상 등록할 수 없는 상표들이 명시되어 있으므로, 여기에 해당되지 않는 다면 특허청에 상표 등록을 하여 독점적으로 사용할 수 있습니다.

2) 부정경쟁방지법에 의한 보호

부정경쟁방지 및 영업비밀보호에 관한 법률(이하 '부정경쟁방지법'이 라 칭함) 제2조 1항에서는 부정경쟁행위를 아래와 같이 정의하고 있으 며, 타인의 상표의 사용과 관련된 다양한 경우들을 부정 경쟁 행위로 규 정하여 상표를 보호합니다.

[부정경쟁방지법 제2조 1항]
"부정경쟁행위"란 다음 각 목의 어느 하나에 해당하는 행위를 말한다.

가. 국내에 널리 인식된 타인의 성명, 상호, 상표, 상품의 용기·포장, 그 밖 에 타인의 상품임을 표시한 표지(標識)와 동일하거나 유사한 것을 사용하 거나 이러한 것을 사용한 상품을 판매·반포(頒布) 또는 수입·수출하여 타인의 상품과 혼동하게 하는 행위
나. 국내에 널리 인식된 타인의 성명, 상호, 표장(標章), 그 밖에 타인의 영 업임을 표시하는 표지(상품 판매·서비스 제공방법 또는 간판·외관·실내 장식 등 영업제공 장소의 전체적인 외관을 포함한다)와 동일하거나 유사 한 것을 사용하여 타인의 영업상의 시설 또는 활동과 혼동하게 하는 행위
다. 가목 또는 나목의 혼동하게 하는 행위 외에 비상업적 사용 등 대통령령 으로 정하는 정당한 사유 없이 국내에 널리 인식된 타인의 성명, 상호, 상 표, 상품의 용기·포장, 그 밖에 타인의 상품 또는 영업임을 표시한 표지

(타인의 영업임을 표시하는 표지에 관하여는 상품 판매·서비스 제공방법 또는 간판·외관·실내장식 등 영업제공 장소의 전체적인 외관을 포함한다)와 동일하거나 유사한 것을 사용하거나 이러한 것을 사용한 상품을 판매·반포 또는 수입·수출하여 타인의 표지의 식별력이나 명성을 손상하는 행위

라. 상품이나 그 광고에 의하여 또는 공중이 알 수 있는 방법으로 거래상의 서류 또는 통신에 거짓의 원산지의 표지를 하거나 이러한 표지를 한 상품을 판매·반포 또는 수입·수출하여 원산지를 오인(誤認)하게 하는 행위

마. 상품이나 그 광고에 의하여 또는 공중이 알 수 있는 방법으로 거래상의 서류 또는 통신에 그 상품이 생산·제조 또는 가공된 지역 외의 곳에서 생산 또는 가공된 듯이 오인하게 하는 표지를 하거나 이러한 표지를 한 상품을 판매·반포 또는 수입·수출하는 행위

바. 타인의 상품을 사칭(詐稱)하거나 상품 또는 그 광고에 상품의 품질, 내용, 제조방법, 용도 또는 수량을 오인하게 하는 선전 또는 표지를 하거나 이러한 방법이나 표지로써 상품을 판매·반포 또는 수입·수출하는 행위

사. 다음의 어느 하나의 나라에 등록된 상표 또는 이와 유사한 상표에 관한 권리를 가진 자의 대리인이나 대표자 또는 그 행위일 전 1년 이내에 대리인이나 대표자이었던 자가 정당한 사유 없이 해당 상표를 그 상표의 지정상품과 동일하거나 유사한 상품에 사용하거나 그 상표를 사용한 상품을 판매·반포 또는 수입·수출하는 행위

(1) 「공업소유권의 보호를 위한 파리협약」(이하 "파리협약"이라 한다) 당사국
(2) 세계무역기구 회원국
(3) 「상표법 조약」의 체약국(締約國)

아. 정당한 권원이 없는 자가 다음의 어느 하나의 목적으로 국내에 널리 인식된 타인의 성명, 상호, 상표, 그 밖의 표지와 동일하거나 유사한 도메인이름을 등록·보유·이전 또는 사용하는 행위

(1) 상표 등 표지에 대하여 정당한 권원이 있는 자 또는 제3자에게 판매하거나 대여할 목적
(2) 정당한 권원이 있는 자의 도메인이름의 등록 및 사용을 방해할 목적
(3) 그 밖에 상업적 이익을 얻을 목적

자. 타인이 제작한 상품의 형태(형상·모양·색채·광택 또는 이들을 결합한 것을 말하며, 시제품 또는 상품소개서상의 형태를 포함한다. 이하 같다)를 모방한 상품을 양도·대여 또는 이를 위한 전시를 하거나 수입·수출하는 행위. 다만, 다음의 어느 하나에 해당하는 행위는 제외한다.
(1) 상품의 시제품 제작 등 상품의 형태가 갖추어진 날부터 3년이 지난 상품의 형태를 모방한 상품을 양도·대여 또는 이를 위한 전시를 하거나 수입·수출하는 행위
(2) 타인이 제작한 상품과 동종의 상품(동종의 상품이 없는 경우에는 그 상품과 기능 및 효용이 동일하거나 유사한 상품을 말한다)이 통상적으로 가지는 형태를 모방한 상품을 양도·대여 또는 이를 위한 전시를 하거나 수입·수출하는 행위
차. 사업제안, 입찰, 공모 등 거래교섭 또는 거래과정에서 경제적 가치를 가지는 타인의 기술적 또는 영업상의 아이디어가 포함된 정보를 그 제공목적에 위반하여 자신 또는 제3자의 영업상 이익을 위하여 부정하게 사용하거나 타인에게 제공하여 사용하게 하는 행위. 다만, 아이디어를 제공받은 자가 제공받을 당시 이미 그 아이디어를 알고 있었거나 그 아이디어가 동종 업계에서 널리 알려진 경우에는 그러하지 아니하다.
카. 데이터(「데이터 산업진흥 및 이용촉진에 관한 기본법」 제2조제1호에 따른 데이터 중 업(業)으로서 특정인 또는 특정 다수에게 제공되는 것으로, 전자적 방법으로 상당량 축적·관리되고 있으며, 비밀로서 관리되고 있지 아니한 기술상 또는 영업상의 정보를 말한다. 이하 같다)를 부정하게 사용하는 행위로서 다음의 어느 하나에 해당하는 행위
1) 접근권한이 없는 자가 절취·기망·부정접속 또는 그 밖의 부정한 수단으로 데이터를 취득하거나 그 취득한 데이터를 사용·공개하는 행위
2) 데이터 보유자와의 계약관계 등에 따라 데이터에 접근권한이 있는 자가 부정한 이익을 얻거나 데이터 보유자에게 손해를 입힐 목적으로 그 데이터를 사용·공개하거나 제3자에게 제공하는 행위
3) 1) 또는 2)가 개입된 사실을 알고 데이터를 취득하거나 그 취득한 데이터를 사용·공개하는 행위

4) 정당한 권한 없이 데이터의 보호를 위하여 적용한 기술적 보호조치를
회피·제거 또는 변경(이하 "무력화"라 한다)하는 것을 주된 목적으로 하는
기술·서비스·장치 또는 그 장치의 부품을 제공·수입·수출·제조·양
도·대여 또는 전송하거나 이를 양도·대여하기 위하여 전시하는 행위. 다
만, 기술적 보호조치의 연구·개발을 위하여 기술적 보호조치를 무력화하
는 장치 또는 그 부품을 제조하는 경우에는 그러하지 아니하다.
타. 국내에 널리 인식되고 경제적 가치를 가지는 타인의 성명, 초상, 음성,
서명 등 그 타인을 식별할 수 있는 표지를 공정한 상거래 관행이나 경쟁질
서에 반하는 방법으로 자신의 영업을 위하여 무단으로 사용함으로써 타인
의 경제적 이익을 침해하는 행위
파. 그 밖에 타인의 상당한 투자나 노력으로 만들어진 성과 등을 공정한 상
거래 관행이나 경쟁질서에 반하는 방법으로 자신의 영업을 위하여 무단으
로 사용함으로써 타인의 경제적 이익을 침해하는 행위

[상표 분쟁 사례들]

1. 오리온 초코파이 vs. 롯데 초코파이

배경

오리온과 롯데는 각각 '초코파이'라는 이름의 초코 파이 제품을 제조
및 판매하는 한국의 제과 업체입니다. 오리온은 1974년 '오리온 초코파
이'를 처음 출시하였는데, 한국과 아시아 시장에서 매우 인기 있는 간식
으로 자리 잡았습니다. 이후 롯데도 '롯데 초코파이'를 출시하며 경쟁 구
도가 형성되었습니다.

상표 분쟁의 시작

분쟁은 두 회사가 '초코파이'라는 명칭을 둘러싸고 상표권에 대한 권리를 주장하면서 시작되었습니다. 오리온은 먼저 '초코파이'를 출시하고 상표를 등록했기 때문에 이름에 대한 독점적인 권리가 있다고 주장했습니다. 반면 롯데는 '초코파이'가 일반 명사화된 표현이므로, 특정 회사의 상표로 보호받을 수 없다고 주장했습니다.

주요 쟁점

① 상표의 일반 명사화

롯데는 '초코파이'가 초코 파이 제품을 지칭하는 일반 명사로 자리 잡았기 때문에, 특정 회사가 독점적으로 사용할 수 없다고 주장했습니다. 이는 상표권이 특정 상품이나 서비스와 밀접하게 연관되어 있을 때 일반 명사화되는 경우 상표권 보호가 제한될 수 있다는 점을 강조한 것입니다.

② 상표권 침해

오리온은 롯데가 '초코파이'라는 명칭을 사용함으로써 자사의 상표권을 침해했다고 주장했습니다. '초코파이'라는 이름이 자사의 제품과 혼동을 일으켜 소비자에게 잘못된 인식을 줄 수 있다는 내용이었습니다.

법적 판결

법원은 양사의 주장을 검토한 후, '초코파이'가 특정한 제과 제품을 지칭하는 일반적인 표현으로 자리 잡았다고 판단했습니다. 이에 따라 '초코파이'라는 명칭은 특정 회사의 독점적인 상표로 보호받기 어렵다고 결론지었습니다. 따라서 롯데가 '초코파이'라는 이름을 사용하는 것이 상표권을 침해하지 않는다고 판결을 내렸습니다.

결과 및 영향

이 판결로 인해 두 회사는 모두 '초코파이'라는 명칭을 사용할 수 있게 되었으며, 이는 한국의 상표법 및 상표권 보호 범위에 대한 중요한 판례로 남았습니다. 이는 또한 상표 등록 시 일반 명사화되는 것을 방지하기 위해 지속적인 브랜드 관리와 소비자 교육이 필요하다는 점을 시사합니다.

결론

오리온과 롯데의 '초코파이' 상표 분쟁은 상표권과 관련된 중요한 법적 원칙을 다루었는데, 그중 상표의 일반 명사화와 관련된 쟁점을 중심으로 진행되었습니다. 이 사례는 상표권 분쟁에서 발생할 수 있는 다양한 법적 문제와 그에 대한 해결책을 이해하는 데 있어서 중요한 참고 자료가 됩니다.

상표 분쟁 사례는 상표를 등록하고 관리하는 과정에 신중을 기해야 하며, 상표가 소비자에게 인식되는 방식이 법적 보호에 큰 영향을 미칠 수 있음을 보여줍니다.

2. 새우깡은 새우 과자?

배경

농심의 '새우깡'은 1971년에 출시된 한국의 대표적인 스낵 제품으로, 출시 이후 오랜 기간 동안 큰 인기를 끌며 국민 스낵으로 자리 잡았습니다. '새우깡'이라는 이름은 농심이 개발한 독특한 상표로, 새우를 원료로 한 과자라는 의미가 있습니다.

분쟁의 시작

분쟁은 1999년 농심이 다른 제과 업체를 상대로 '새우깡' 상표권을 침해했다고 소송을 제기하면서 시작되었습니다. 다른 제과 업체는 '새우깡'과 유사한 이름의 제품을 출시하였고, 농심은 이를 자사의 상표권 침해로 간주했습니다. 농심은 '새우깡'이 자사 제품의 독특한 상표로 소비자들에게 널리 알려져 있으므로, 다른 업체가 유사한 이름을 사용하는 것은 혼동을 일으킬 수 있다고 주장했습니다.

주요 쟁점

① 상표의 식별력

농심은 '새우깡'이라는 이름이 자사 제품의 상표로서 충분한 식별력을 가지고 있다고 주장했습니다. 이는 '새우깡'이라는 상표가 단순히 새우를 원료로 한 과자를 의미하는 일반 명사가 아니라, 농심의 특정 제품을 식별할 수 있는 상표임을 강조한 것입니다.

② 상표의 저명성

농심은 '새우깡'이 오랜 기간 동안 널리 판매되었고 인지도가 높으므로, 저명한 상표로 보호받아야 한다고 주장했습니다. 이는 상표가 대중에게 널리 알려져 있고, 특정 제품과 강하게 연관되어 있다는 점을 강조한 것입니다.

③ 상표권 침해 여부

다른 제과 업체가 '새우깡'과 유사한 이름을 사용하는 것이 소비자에게 혼동을 일으킬 수 있는지 여부가 쟁점이었습니다. 농심은 유사한 이름 사용이 소비자에게 오인이나 혼동을 줄 수 있으며, 이는 상표권 침해에 해당한다고 주장했습니다.

법적 판결

법원은 '새우깡'이라는 상표가 충분한 식별력과 저명성을 가지고 있다고 판단했습니다. 또한, 다른 제과 업체가 '새우깡'과 유사한 이름을 사용하는 것이 소비자에게 혼동을 일으킬 수 있다고 보았습니다. 따라서 농심의 주장을 받아들여, 다른 제과 업체가 유사한 이름을 사용하지 못한다는 판결을 내렸습니다.

결과 및 영향

이 판결은 농심이 '새우깡' 상표에 대한 독점적인 권리를 인정받는 결과로 이어졌습니다. 또한, 상표의 식별력과 저명성, 상표권 침해 여부를 판단하는 데 중요한 기준을 제시했습니다. 이는 다른 기업들이 상표를 등록하고 관리하는 과정에서 상표의 독창성과 대중적 인지도를 강조할 필요성이 있음을 시사합니다.

결론

농심 '새우깡' 판례는 상표권과 관련된 법적 원칙을 다룬 중요 사례입니다. 특히 상표의 식별력과 저명성, 그리고 상표권 침해 여부를 중심으로 이루어진 이 판례는 상표권 보호와 관련된 법적 기준을 명확히 하는 데 기여하였으며, 상표권 분쟁에서 발생할 수 있는 다양한 법적 문제와 그에 대한 해결책을 이해하는 데 중요한 참고 자료로 이용되고 있습니다.

상표 분쟁 사례는 기업이 상표를 등록하고 관리하는 과정에서 독창성과 대중 인지도를 유지하는 것이 얼마나 중요한지와, 상표가 소비자에게 인식되는 방식이 법적 보호에 얼마나 큰 영향을 미치는지를 보여 줍니다.

3. 서울대학교는 서울에 있는 대학교?

배경

서울대학교는 대한민국의 대표적인 국립 대학교로, 국내외에서 높은 인지도를 자랑합니다. 이 사건은 서울대학교와 관련된 명칭을 둘러싸고 상표 등록을 시도한 민간 기업과의 법적 다툼으로 시작되었습니다.

분쟁의 시작

한 민간 기업이 '서울대학교'라는 명칭을 '서울에 있는 대학교'라는 의미라고 주장하며 상표 등록을 신청했습니다. 이에 서울대학교 측은 '서울대학교'라는 명칭은 이미 공공 기관으로서의 명성과 신뢰를 담고 있으므로 상표로써 등록이 부적절하다고 주장했습니다.

주요 쟁점

① 상표의 식별력

서울대학교는 '서울대학교'라는 명칭이 단순히 지리적 명칭이 아니라, 특정 교육 기관을 지칭하는 고유한 식별력을 가지고 있다고 주장했습니다. 민간 기업이 이 명칭을 사용하면 소비자에게 혼동을 줄 수 있다고 봤습니다.

② 상표의 저명성

서울대학교는 자신들이 오랜 역사와 명성을 가진 저명한 기관이므로, '서울대학교'라는 명칭이 상업적으로 사용될 경우 공공 기관의 명예와 신뢰에 해가 될 수 있다고 주장했습니다.

③ 공공성과 상표권 보호

이 사건은 공공 기관의 명칭이 상표로 보호될 수 있는지, 그리고 그 명칭이 상업적으로 오용될 가능성을 어떻게 방지할 것인지에 대한 문제를 다루었습니다.

법적 판결

법원은 '서울대학교'라는 명칭이 특정 교육 기관을 지칭하는 고유한 식별력을 가지고 있는 저명한 명칭임을 인정했습니다. 따라서 상업적으로 사용되면 소비자에게 혼동을 줄 수 있으며, 공공 기관의 명예와 신뢰에 해를 끼칠 수 있다고 판단했습니다.

따라서 민간 기업이 '서울대학교'라는 명칭을 상표로 등록하려는 시도를 기각했습니다. 이는 '서울대학교'라는 명칭이 특정 공공 기관을 지칭하며, 상표로 등록될 경우 공공성과 혼동 방지의 측면에서 문제가 될 수 있음을 명확히 한 판결이었습니다.

결과 및 영향

이 판결을 통해 서울대학교라는 학교명이 상표로 보호받을 권리를 인정받았습니다. 이 사례는 공공 기관 명칭의 상표권 보호와 관련된 법적 기준을 제시하며, 공공성과 상표권 보호 사이의 균형을 다루었습니다.

서울대학교 관련 상표권 분쟁 사례는 상표의 식별력, 저명성, 공공 기관 명칭의 상표 보호 여부를 다룬 중요한 판례입니다. 이 판결은 공공 기관의 명칭이 상업적으로 오용될 가능성을 방지함으로써, 공공 기관의 명예와 신뢰를 보호하는 데 대한 중요한 법적 기준을 제시했습니다. 이 사례는 상표권 분쟁에서 발생할 수 있는 다양한 법적 문제와 그에 대한 해결책을 이해하는 데 중요한 참고 자료가 됩니다.

　사람들은 상품을 구매할 때 기능만을 보고 구매하지 않고 제품의 브랜드까지 살펴보면서 구매합니다. 앞서 살펴본 바와 같이 브랜드는 상품을 구별하는 기능뿐만 아니라 상품의 품질을 보증하는 기능까지 포함하기 때문입니다.

　예를 들어 어떤 구매자가 새로운 TV를 구매하고자 합니다. 그러면 먼저 화면의 크기나 해상도 또는 LCD나 OLED와 같은 디스플레이 방식을 살펴볼 것입니다. 이러한 기능 관련 사항을 결정하고 나면, 그 다음으로는 어떤 회사의 제품을 구매할지 고민할 것입니다. 동일한 기능을 제공하는 여러 제품이 존재하는 경우 구매자는 최종적으로 제품 구매를 결정할 때 자신이 경험해 봤던 제품을 다시 구매하거나 다른 사람의 사용기를 살펴보고 선택할 수도 있습니다.

　그런데 만약 이러한 정보가 없다면 구매자는 브랜드를 비교하여 제품의 구매를 결정할 것입니다. 특정 브랜드에 대한 신뢰도가 상대적으로 높거나 더 나아가 해당 브랜드에 대한 충성도가 있다면 다른 브랜드의 제품이 아니라 자신이 신뢰하거나 좋아하는 브랜드의 제품을 구매하게 될 것입니다. 이처럼 브랜드는 구매자가 어떤 상품을 구매할지를 결정하는 데 매우 큰 영향을 미칠 수 있습니다.

1) 위조상품이란

‘위조상품’의 사전적 의미는 무엇일까요? 국어사전에서 위조상품이라는 단어는 나오지 않으며, 다만 ‘위조’라는 단어와 ‘상품’이라는 단어가 검색될 뿐입니다.

‘위조’는 ‘어떤 물건을 속일 목적으로 꾸며 진짜처럼 만듦’이라고 정의되어 있고, 유의어로는 ‘위작, 가짜, 날조’, 반의어로는 ‘진품, 정품, 진짜’라고 기재되어 있습니다. 그리고 ‘상품’은 ‘사고파는 물품’, ‘(경제) 장사로 파는 물건. 또는 매매를 목적으로 한 재화(財貨)’, ‘(법률)상거래를 목적으로 하는 물건. 동산(動産) 따위가 있다.’ 등으로 정의되어 있습니다.

그렇다면 위조상품은 ‘어떤 물건을 속일 목적으로 꾸며 진짜처럼 만든 물건 또는 물품’이라고 정의할 수 있습니다. 또는 진짜가 아닌 가짜 상품이라고도 할 수 있습니다. 다시 말해 진짜가 따로 있다는 것이고, 위조상품은 이를 베낀 가짜 제품이라는 것을 뜻합니다. 따라서 위조상품은 진짜 제품의 존재를 전제로 하며, 이를 베껴서 만든 가짜 제품이 됩니다.

그런데 베낀다는 것은 똑같이 만든다는 것인데, 물건 또는 제품을 똑같이 만들었다고 해서 무조건 잘못된 것이라고 할 수는 없습니다. 만약 진짜 제품을 만든 사람의 동의를 받거나 일정한 대가를 지불하고 허락을 받아 동일한 품질의 제품을 만들었다면, 이것을 위조상품이라고 할 수는 없을 것입니다. 따라서 위조상품이라는 것은 진짜 제품을 허락 없이 베껴서 만든 제품이라고 하는 것이 적절할 것입니다.

2) 위조상품의 역사

위조상품은 기원전부터 있었다고 합니다. 사람들이 물건을 사고팔기 시작하면서부터 있어 왔다고 보아야 할 정도로 위조상품의 역사는 오래되었습니다.

위조품에 대한 역사를 살펴보면 아래와 같은 기록들을 찾아볼 수 있습니다.

가) 청나라 짝퉁 청심환

연암 박지원의 열하일기에 '청나라에도 청심환이 많지만 가짜가 수두룩한데, 조선에서 만든 청심환은 진짜라서 믿을 수 있다.'라는 기록이 있는 걸로 봐서, 중국 청나라에 가짜 청심환이 있었던 것으로 보입니다.

그런데 청나라 때부터 사회적 문제를 야기했던 짝퉁 청심환은 1978년 중앙일보 기사에서도 다루어졌던 것을 보면, 인류의 역사가 지속되는 한 위조품은 쉽사리 없어지지 않을 것 같습니다.

나) 바이킹 짝퉁 검

2008년 12월 27일 자 The Gaurdian지 기사를 보면, 1,000년 전 유물에서 발견된 바이킹의 검들이 짝퉁이었다고 보도하고 있습니다. 이 기사에서는 아래와 같은 내용으로 기재되어 있습니다.

The Vikings would have found it impossible to tell the difference when they bought a newly forged sword: both would have looked identical, and had razor sharp blades. The difference would have only emerged in use, often fatally.

내용을 보면 진품 검과 짝퉁 검이 겉으로 보기에는 너무 똑같아서 차이를 구별할 수 없을 정도인데, 실제로 사용할 때는 차이가 발생하면서 치명적인 결과를 유발할 수 있다는 멘트를 남기고 있습니다.

이처럼 청나라의 가짜 우황청심환과 짝퉁 바이킹 검의 사례만 보더라도 위조품은 인류와 역사를 함께하면서 지금까지도 내려오고 있다고 볼 수 있습니다.

그런데 최근에는 위조상품이 온라인마켓 즉 이커머스 시장의 성장과 함께 폭증하는 추세에 있습니다.

3) 위조상품이 생기는 이유

위조상품을 만들거나 판매하는 것은 위법한 행위로 사회적으로나 법적으로 비난과 처벌을 받는 일임에도 불구하고 수많은 위조상품들이 판을 치고 있는 이유는 무엇일까요? 이를 통해 발생하는 이익이 매우 크므로 위법 행위를 감행하면서까지 위조상품을 만들어 판매할 것입니다.

예를 들어 유명 캐릭터에 상당한 대가(일종의 로열티)를 지급해야 하는 경우, A 생산자는 저작자에게 정당한 로열티를 지급하고 제품을 생산하고, B 생산자는 어떠한 대가도 지급하지 않고 생산한다고 가정해 보겠습니다. B는 저작자에게 로열티를 지급하지 않기 때문에 동일한 제품을 생산하더라도 로열티만큼 가격을 낮추어도 A와 동일한 이익을 얻을 수 있습니다.

제품의 품질 면에서 큰 차이가 없다면 소비자들은 A의 제품보다 더 저렴한 B의 제품을 구매할 것이고, 결국 허락 없이 무단으로 생산하여 판매하는 B의 제품은 잘 팔리고, 로열티를 통해 정당한 라이선스를 받아 생산하여 판매하는 A의 제품은 팔리지 않는 불합리한 상황이 발생하게 됩니다.

더 나아가 만약 B가 생산하는 제품은 외관만 보면 동일해 보이는데, 실제로 제품을 사용해 보면 품질이 매우 나빠서 문제가 발생하는 제품이라고 한다면 손해의 범위가 더 커집니다. 로열티를 지불하고 있는 A만 손해를 입는 것이 아니라, 진짜라고 믿고 구매한 소비자 역시 조악한 품질로 인해 제품을 오래 사용하지 못하게 되는 등의 손해가 발생합니다.

이러한 이유 때문에 위조상품은 잘못된 것이라고 생각하며, 위조상품 근절을 위해 정부 부처나 기관들이 단속하는 등 많은 노력을 기울이고 있는 것입니다.

4) 위조상품 관련 법률

온라인상에서 유통되는 위조상품은 상표법, 부정경쟁방지법, 디자인보호법, 저작권 등 여러 가지 법률적 이슈와 연관되어 있습니다. 그중 대표적인 것이 상표법과 저작권법이며, 이외에 부정경쟁방지법, 디자인보호법, 더 나아가서는 특허법이나 실용신안법에 저촉되어 위조상품으로 판단되는 경우도 적지 않습니다.

한때 우리나라 어린이들에게 뽀통령이라고 불리며 큰 인기를 얻었던 애니메이션 캐릭터로 뽀로로를 예로 들어 보겠습니다.

만약 '뽀로로'라는 명칭을 상품 태그 또는 상품의 포장에 사용하는 경우 상표법 위반이 됩니다. 온라인상에서 판매하면서 상품페이지의 상품 제목에 '뽀로로'라는 단어가 들어가도록 하여 상품을 판매하는 경우에도 상표법 위반이 됩니다. 상품명에 '뽀로로'라는 명칭이 포함되어 있는데 막상 내용을 보면 뽀로로와는 전혀 상관없는 제품이 판매되는 경우, 뽀로로와는 전혀 관계가 없는 제품이지만 상품명으로 뽀로로라는 단어를 사용하고 있기 때문에 상표권 침해가 됩니다.

이 경우는 상품을 노출시키기 위한 목적으로 어린이들이 좋아하는 뽀로로라는 단어를 사용한 것입니다. 인지도가 떨어지는 상품이라서 소비자들이 온라인마켓에서 검색할 가능성이 매우 희박하므로, 유명 캐릭터의 이름을 상품명에 포함시켜서 노출 효과를 통해 상품 판매를 증대시키는 노림수가 있는 것입니다. 하지만 이것 역시 상표권 침해가 되기 때문에 이런 상품들에 대해서도 상표법 위반으로 신고가 가능합니다.

만약 뽀로로 캐릭터의 사업권자가 뽀로로 상표를 등록하지 않았거나 일부 상품군들에 대해서만 상표 등록을 해 놓은 상태에서, 상표 등록이 되지 않는 상품군에 대한 위조상품이 판매되는 경우에는 어떻게 해야 할까요?

예를 들면 인형과 완구 제품에 대해서만 뽀로로의 상표 등록을 했다고 가정해 보겠습니다. 그런데 로열티를 허가 받지 않은 사업자가 상표 등록하지 않은 가방 제품에 뽀로로 캐릭터를 넣어서 판매하는데, 제품의 태그나 포장에는 뽀로로라는 단어를 사용하지 않고 오프라인 시장에서만 제품을 판매하는 경우는 어떨까요?

이 경우에는 상표법으로 위조상품을 제재할 수 없기 때문에, 저작권법 위반으로 신고가 가능합니다. 뽀로로 캐릭터는 상표권처럼 등록해야 권리발생요건이 충족되는 것이 아니라 창작과 함께 자동으로 발생하는 권리이기 때문에, 위의 경우에는 상표권이 없어서 상표법 위반으로 위조상품을 신고할 수는 없지만 저작권법 위반으로는 신고가 가능한 것입니다.

쿠팡이나 네이버 스마트스토어와 같은 온라인마켓에서 판매되는 상품이 지식 재산권을 침해하고 있는지 여부를 판단하기가 쉽지 않아서, 법원에서 소송을 통해 침해 여부에 대한 다툼이 끝나는 경우도 많습니다. 특히 부정경쟁방지법 위반이나 특허나 실용신안법 위반의 경우에는 육안으로 바로 판단하기 어려운 경우가 대부분이어서 더욱 그렇습니다.

하지만 상표법 위반의 경우 상대적으로 쉽게 확인할 수 있기 때문에 판단이 용이한 편이고, 쿠팡이나 네이버 그리고 해외의 타오바오, 1688, 라자다와 같은 오픈마켓 플랫폼에서도 상표법을 위반한 상품페이지에 대해서는 자체적인 판단에 근거하여 차단 등의 조치를 취하기도 합니다.

예를 들면 쿠팡은 2016년 1월 온라인상에서 신뢰관리센터를 개소하여 쿠팡에서 판매하는 상품들을 모니터링하고 법적인 문제나 이용 규칙 위반 문제가 발생하지 않도록 관리할 것이라고 안내하였고, 지식재산권 침해신고센터를 통해 상표권, 디자인권, 저작권, 특허권, 실용신안권 및 초상권, 퍼블리시티권 침해 그리고 부정경쟁행위에 대하여 신고할 수 있도록 하고 있습니다.

5) 위조상품 판단을 위한 체크 사항

온라인마켓에서 판매되고 있는 상품이 위조상품인지 여부를 판단하기 위해서는 상품페이지의 이미지, 상품명 그리고 상세페이지에 있는 내용을 확인해야 합니다.

[온라인마켓 상품페이지의 구성]

먼저 온라인마켓의 상품페이지 구성을 살펴보면, 보통 아래 그림과 같이 주요 정보들이 상단에 게시되고, 그 아래 부분에 상품에 대한 상세 내용(통상 '상세페이지'라 함)이 게시되는 형태로 구성됩니다.

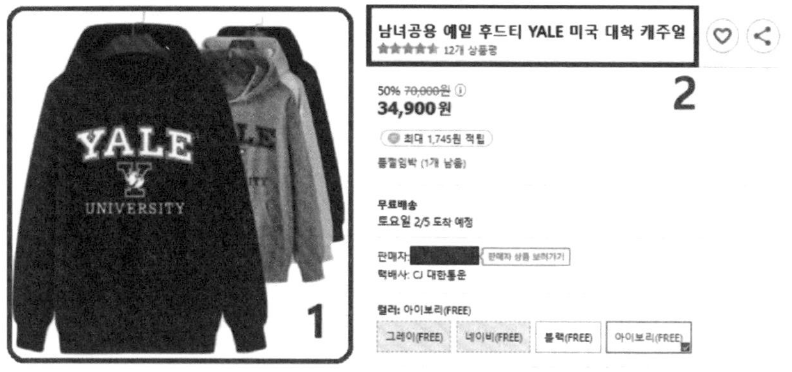

미국 유명 대학의 명칭인 'YALE' 브랜드를 예시로 위 그림의 상품페이지를 참고하여, 위조상품인지 여부를 판단하기 위해 확인해야 할 사항들을 설명해 드리겠습니다.

가) 상품 이미지

먼저, 상품페이지에 있는 상품의 이미지(번호 1)를 살펴보면, 본 상품은 후드 티로 앞면에 YALE UNIVERSITY라는 영문자가 위아래에 배치되어 있고 중간에 예일대학교를 상징하는 로고가 배치되어 있습니다.

'YALE'은 미국의 유명 대학 이름으로 한국 특허청에 등록되어 있는 등록 상표입니다. 특히 이 상표는 후드 티 등의 의류를 지정 상품으로 하여 상품류 구분상 제25류에 등록되어 있습니다. 따라서 1번의 상품

이미지는 후드 티에 예일대학교의 등록 상표인 'YALE'을 표시하고 있으므로, 명백히 예일대학교의 한국 등록 상표를 침해하는 것이 됩니다.

나) 상품명

다음으로 상품페이지의 상품의 명칭(번호 2)을 살펴보면, 본 상품은 상품명에서 '예일 후드 티'라는 단어를 포함하여 사용하고 있습니다. 그런데 위에서 살펴본 것처럼 'YALE'은 한국 특허청에 상표로 등록되어 있는 등록 상표이고 후드 티 등의 의류를 지정 상품으로 하여 상품류 구분상 제25류에 등록되어 있으므로, 상품의 명칭에 'YALE'이라는 단어를 사용하는 것은 예일대학교의 상표권을 침해하는 것이 됩니다.

다) 상세페이지

온라인마켓의 상품페이지는 소비자에게 해당 상품을 설명하기 위해 상품의 이미지와 설명을 상세페이지에서 제공합니다. 이를 통해 상품의 소재나 특징 등에 대해 설명하고, 특히 소비자들에게 어필할 수 있는 다양한 정보들을 제공하여 구매를 유도합니다.

그런데 상세페이지에도 추가적인 상품 이미지가 들어가는데, 여기에 'YALE'이라는 단어가 표시된 상품에 대한 내용이 있다면 그것 역시 상표권 침해가 됩니다.

또한 이미지에는 'YALE'이라는 단어가 표시되어 있지 않다 하더라도, 상품을 설명하는 상세페이지의 설명에서 '예일 후드 티셔츠'라든지 'YALE HOODIE'와 같은 단어가 포함되어 있다면 그 역시 위와 동일한 원리에 의해 상표권 침해가 됩니다.

6) 상표권만 있으면 위조상품 단속이 가능할까?

위조상품 신고는 쿠팡이나 네이버 등의 온라인마켓의 신고 센터를 통해 이용할 수 있는데, 신고 센터에서는 위조상품이라고 해서 무조건 판매를 차단하는 것이 아니라 이를 단속할 근거가 있는 경우, 예를 들면 상표권을 보유하고 있는 등 단속 근거가 명확할 경우에만 판매를 차단합니다.

그렇다면 상표권을 갖고만 있다면 위조상품 단속이 가능할까요? 특허청에서는 아래와 같이 상표권을 확보할 때 지정할 지정 상품과 서비스를 45개 류(상품류 1류~34류, 서비스류 35류~45류)로 구분하고, 이 중 어느 하나의 류를 지정하여 상표 등록을 하도록 하고 있습니다.

[상품류 구분]

류구분	설명
제1류	공업/과학 및 사진용 및 농업/원예 및 임업용 화학제; 미가공 인조수지, 미가공 플라스틱; 소화 및 화재예방용 조성물; 조질제 및 땜납용 조제; 수피용 무두질제; 공업용 접착제; 퍼티 및 기타 페이스트 충전제; 퇴비, 거름, 비료; 산업용 및 과학용 생물학적 제제
제2류	페인트, 니스, 래커; 녹방지제 및 목재 보존제; 착색제, 염료; 인쇄, 표시 및 판화용 잉크; 미가공 천연수지; 도장용, 장식용, 인쇄용 및 미술용 금속박(箔) 및 금속분(紛)
제3류	비의료용 화장품 및 세면용품; 비의료용 치약; 향료, 에센셜 오일; 표백제 및 기타 세탁용 제제; 세정/광택 및 연마재

제4류	공업용 오일 및 그리스, 왁스; 윤활제; 먼지흡수제, 먼지습윤제 및 먼지흡착제; 연료 및 발광체; 조명용 양초 및 심지
제5류	약제, 의료용 및 수의과용 제제; 의료용 위생제; 의료용 또는 수의과용 식이요법 식품 및 제제, 유아용 식품; 인체용 또는 동물용 식이보충제; 플래스터, 외상치료용 재료; 치과용 충전재료, 치과용 왁스; 소독제; 해충구제제; 살균제, 제초제
제6류	일반금속 및 그 합금, 광석; 금속제 건축 및 구축용 재료; 금속제 이동식 건축물; 비전기용 일반금속제 케이블 및 와이어; 소형금속제품; 저장 또는 운반용 금속제 용기; 금고
제7류	기계, 공작기계, 전동공구; 모터 및 엔진(육상차량용은 제외); 기계 커플링 및 전동장치 부품(육상차량용은 제외); 농기구(수동식 수공구는 제외); 부란기(孵卵器); 자동판매기
제8류	수동식 수공구 및 수동기구; 커틀러리; 휴대무기(화기는 제외); 면도기
제9류	과학, 항해, 측량, 사진, 영화, 광학, 계량, 측정, 신호, 검사(감시), 구명 및 교육용 기기; 전기의 전도, 전환, 변형, 축적, 조절 또는 통제를 위한 기기; 음향 또는 영상의 기록, 전송 또는 재생용 장치; 자기데이터 매체, 녹음디스크; CD, DVD 및 기타 디지털 기록매체; 동전작동식 기계장치; 금전등록기, 계산기, 정보처리장치, 컴퓨터; 컴퓨터 소프트웨어; 소화기기
제10류	외과용, 내과용, 치과용 및 수의과용 기계기구; 의지(義肢), 의안(義眼) 및 의치(義齒); 정형외과용품; 봉합용 재료; 장애인용 치료 및 재활보조장치; 안마기; 유아수유용 기기 및 용품; 성활동용 기기 및 용품

제11류	조명용, 가열용, 증기발생용, 조리용, 냉각용, 건조용, 환기용, 급수용 및 위생용 장치
제12류	수송기계기구; 육상, 항공 또는 해상을 통해 이동하는 수송수단
제13류	화기(火器); 탄약 및 발사체; 폭약; 폭죽
제14류	귀금속 및 그 합금; 보석, 귀석 및 반귀석; 시계용구
제15류	악기
제16류	종이 및 판지; 인쇄물; 제본재료; 사진; 문방구 및 사무용품 (가구는 제외); 문방구용 또는 가정용 접착제; 제도용구 및 미술용 재료; 회화용 솔; 교재; 포장용 플라스틱제 시트, 필름 및 가방; 인쇄활자, 프린팅블록
제17류	미가공 및 반가공 고무, 구타페르카, 고무액(gum), 석면, 운모(雲母) 및 이들의 제품; 제조용 압출성형형태의 플라스틱 및 수지; 충전용, 마개용 및 절연용 재료; 비금속제 신축관, 튜브 및 호스
제18류	가죽 및 모조가죽; 수피; 수하물가방 및 운반용 가방; 우산 및 파라솔; 걷기용 지팡이; 채찍 및 마구; 동물용 목걸이, 가죽끈 및 의류
제19류	비금속제 건축재료; 건축용 비금속제 경질관(硬質管); 아스팔트, 피치 및 역청; 비금속제 이동식 건축물; 비금속제 기념물
제20류	가구, 거울, 액자; 보관 또는 운송용 비금속제 컨테이너; 미가공 또는 반가공 뼈, 뿔, 고래수염 또는 나전(螺鈿); 패각; 해포석(海泡石); 호박(琥珀)(원석)

제21류	가정용 또는 주방용 기구 및 용기; 조리기구 및 식기(포크, 나이프 및 스푼은 제외); 빗 및 스펀지; 솔(페인트 솔은 제외); 솔 제조용 재료; 청소용구; 비건축용 미가공 또는 반가공 유리; 유리제품, 도자기제품 및 토기제품
제22류	로프 및 노끈; 망(網); 텐트 및 타폴린; 직물제 또는 합성재료제 차양; 돛; 하역물운반용 및 보관용 포대; 충전재료(종이/판지/고무 또는 플라스틱제는 제외); 직물용 미가공 섬유 및 그 대용품
제23류	직물용 실(絲)
제24류	직물 및 직물대용품; 가정용 린넨; 직물 또는 플라스틱제 커튼
제25류	의류, 신발, 모자
제26류	레이스 및 자수포, 리본 및 장식용 끈; 단추, 갈고리 단추(hooks and eyes), 핀 및 바늘; 조화(造花); 머리장식품; 가발
제27류	카펫, 융단, 매트, 리놀륨 및 기타 바닥깔개용 재료; 비직물제 벽걸이
제28류	오락용구, 장난감; 비디오게임장치; 체조 및 스포츠용품; 크리스마스트리용 장식품
제29류	식육, 생선, 가금 및 엽조수; 고기진액; 가공처리, 냉동, 건조 및 조리된 과일 및 채소; 젤리, 잼, 콤폿; 달걀; 우유 및 유제품; 식용 유지

제30류	커피, 차(茶), 코코아 및 대용커피; 쌀; 타피오카 및 사고(sago); 곡분 및 곡물조제품; 빵, 페이스트리 및 과자; 식용 얼음; 설탕, 꿀, 당밀; 식품용 이스트, 베이킹파우더; 소금; 겨자(향신료); 식초, 소스(조미료); 향신료; 얼음
제31류	미가공 농업, 수산양식, 원예 및 임업 생산물; 미가공 곡물 및 종자; 신선한 과실 및 채소, 신선한 허브; 살이있는 식물 및 꽃; 구근(球根), 모종 및 재배용 곡물종자; 살아있는 동물; 동물용 사료 및 음료; 맥아
제32류	맥주; 광천수, 탄산수 및 기타 무주정(無酒精)음료; 과실음료 및 과실주스; 시럽 및 음료수 제제
제33류	알코올 음료(맥주는 제외)
제34류	담배; 흡연용구; 성냥

[서비스류 구분]

류구분	설명
제35류	광고업; 사업관리업; 기업경영업; 사무처리업
제36류	보험업; 재무업; 금융업; 부동산업
제37류	건축물 건설업; 수선업; 설치서비스업
제38류	통신업
제39류	운송업; 상품의 포장 및 보관업; 여행알선업

제40류	재료처리업
제41류	교육업; 훈련제공업; 연예오락업; 스포츠 및 문화활동업
제42류	과학적, 기술적 서비스업 및 관련 연구, 디자인업; 산업분석 및 연구 서비스업; 컴퓨터 하드웨어 및 소프트웨어의 디자인 및 개발업
제43류	식음료제공서비스업; 임시숙박업
제44류	의료업; 수의업; 인간 또는 동물을 위한 위생 및 미용업; 농업, 원예 및 임업 서비스업
제45류	법무서비스업; 유형의 재산 및 개인을 물리적으로 보호하기 위한 보안서비스업; 개인의 수요를 충족시키기 위해 타인에 의해 제공되는 사적인 또는 사회적인 서비스업

상표권을 확보하고 있다고 해서 위에서 나열한 모든 상품류에 대하여 상표권 행사가 가능한 건 아니며, 상표권자가 상표권을 확보한 상품류 또는 서비스류에 대해서만 상표권 행사가 가능합니다. 만약 어느 상표권자가 제25류 의류를 지정 상품으로 하여 상표권을 확보하였다면 의류 제품에 대해서는 도용한 자에게 상표권을 행사하여 사용을 금지시킬 수 있지만, 의류가 아닌 제27류의 카펫이나 침구류 등에 상표가 도용되었다면 상표권 행사를 통한 사용 금지 요구를 할 수 없습니다.

7) 온라인마켓들의 위조상품에 대한 대응 방법

아마존은 브랜드 침해를 방지하기 위해 다양한 조치를 취하고 있습니다. 예를 들면 브랜드 레지스트리(Amazon Brand Registry) 제도를 통해 브랜드 소유자에게 추가적인 권한을 부여하고 있습니다. 브랜드 레지스트리에 등록된 브랜드 소유자는 제품 상세페이지에 자신의 브랜드 로고를 표시하고, 타인의 상표권 침해에 대해 신고할 수 있는 권한을 갖습니다.

알리바바 그룹의 브랜드 침해 방지를 위한 다양한 조치 가운데 가장 대표적인 것이 바로 **알리바바 지식 재산권 보호 플랫폼(Alibaba Intellectual Property Protection Platform, IPP)**입니다. IPP는 알리바바 그룹의 모든 전자 상거래에 적용되는 플랫폼으로, 브랜드 소유자가 자신의 브랜드를 보호하기 위해 활용할 수 있는 다양한 기능을 제공합니다.

IPP의 주요 기능은 다음과 같습니다.

브랜드 침해 신고 및 처리: 브랜드 침해를 신고할 수 있습니다. 알리바바는 신고를 접수한 후, 해당 제품을 검토하여 침해 여부를 판단합니다. 침해가 인정된 경우, 해당 제품은 플랫폼에서 삭제됩니다.

브랜드 보호 우선순위 부여: 자신의 브랜드를 보호하기 위해 우선순위를 부여할 수 있습니다. 우선순위가 높은 경우 더욱 신속하게 브랜드 침해에 대한 알림을 받을 수 있습니다.

브랜드 보호 리포트 제공: IPP는 브랜드 소유자에게 해당 브랜드의 보호 현황을 정기적으로 제공합니다. 이를 통해 브랜드 소유자는 자신의 브랜드가 얼마나 효과적으로 보호되고 있는지 확인할 수 있습니다.

알리바바 그룹은 IPP 외에도 다음과 같은 방법으로 브랜드 침해를 방지하고 노력하고 있습니다.

판매자 검증 강화: 판매자 검증을 강화하여 브랜드 침해를 일으킬 가능성이 높은 판매자를 사전에 차단하고 있습니다.

인공지능(AI) 기반 모니터링: AI 기반 모니터링 시스템을 통해 브랜드 침해를 자동으로 식별하여 처리하고 있습니다.

파트너십 확대: 정부, 단체, 기업 등과 협력하여 브랜드 침해에 대한 인식률을 높이고, 공동 대응 방안을 마련하고 있습니다.

알리바바 그룹은 이러한 노력을 통해 브랜드 침해를 점차 줄여 나가고 있습니다.

네이버에서는 '권리보호센터'를 운영하며 위조상품을 비롯해 다양한 유형의 권리 침해(상표권, 디자인·특허·실용신안, 저작권, 명예 훼손, 초상권·사생활 등 인격권)에 대해 신고받고 이를 비노출하는 등 차단 조치 처리를 진행하고 있습니다.

네이버에서 제공하는 모든 서비스 영역 내 본인의 권리와 관련한 문제를 겪고 있다면 쇼핑 상품을 포함한 해당 게시물은 권리 침해 신고 및 권리 보호를 요청할 수 있게 되었습니다. 신고 사유는 다음과 같습니다.

위조상품

상표권

디자인·특허·실용신안

저작권

명예 훼손

초상권·사생활 등 인격권

권리 침해 신고하려면?

네이버에서는 권리보호센터를 통해 지식 재산권 혹은 상표권 침해를 막고 적극적인 신고를 유도하기 위하여 자신이 소유한 권리권을 직접 등록 및 관리할 수 있도록 환경을 구축하여 운영하고 있으며, 권리 침해 콘텐츠에 대한 신고 사항 처리 현황은 물론이고 권리자 소명 과정도 한눈에 확인할 수 있어 자신의 권리를 더욱 편리하게 보호할 수 있습니다.

[권리 침해 신고 가능 내역]

- **명예 훼손**: 다른 사람을 비방하려는 목적으로 사실 또는 허위의 내용을 포함하여 작성된 게시물: 신고 후 게재 중단

- **초상권/성명권**: 연예인이나 유명인의 사진, 이름 등을 소속사 또는 개인에게 동의 없이 사용한 경우 (초상권 또는 민법상 재산권 침해로 간주)

- **저작권**: 사진, 영상, 음반, 서적, 미술, 컴퓨터 프로그램 저작물 / 타인이 작성한 글 또는 동영상 등의 내용 중 일부를 이용하는 경우

- **상표권 침해**: 타인의 등록 상표를 지정 상품에 무단으로 사용하는 경우 / 국내에 널리 알려진 타인의 상표, 상호 등을 부정하게 사용하는

등의 행위는 '부정경쟁방지 및 영업 비밀보호에 관한 법률'상의 부정 경쟁 행위

- **위조상품**: 다른 권리 침해보다 권리자 및 이용자의 피해가 발생하여 더욱 단호하게 제한

① 유명 상품과 동일하게 제작되어 OOO레플, OOO스타일 등으로 홍보하는 경우

② 유명 상품과 동일하게 제작되어 정품으로 속이는 경우

③ 유명 상품과 동일하게 제작되었으나, 원 브랜드 로고만 가리는 경우

④ 블로그/카페 등을 통해 위조상품을 홍보하거나 판매하는 경우 등

- **디자인/특허/실용신안권**

① 특허청에 기술적 사상의 창작물로서 등록된 발명을 무단으로 모방하여 생산, 판매 시 특허권 침해로 7년 이하의 징역 또는 1억 원 이하의 벌금

② 등록실용신안에 관한 물품을 업으로서 생산, 양도, 대여, 수입 또는 전시하는 행위는 실용신안권 침해에 해당하며, 침해에 대한 처벌 수위는 특허권 침해와 동일

③ 특허청에 물품에 대한 외형과 디자인에 대해 권리 등록된 건을 무단 사용한 경우 디자인권 침해 행위로 간주되어, 7년 이하 징역 1억 원 이하의 벌금에 처해질 수 있다.

실제로 신고 이후 위조상품이 감정된 이후에는 그 즉시 상품에 대해 노출 차단 조치가 진행되며, 피신고자(판매자)의 몰이 네이버쇼핑에서 비노출 처리됩니다. 영업일 기준 3일 후에는 최종적으로 피신고자의 몰

은 차단 조치가 진행되며 이러한 기간이 소요되는 이유는 바로 위조상품을 취급한 사실을 알리며, 해당 스토어가 어떠한 조치가 진행되는지 통보하기 위함입니다.

네이버 권리보호센터에서 위조상품 신고하는 방법

위조상품의 경우 대표적으로 몇 가지 유형을 통해 발생하고 있습니다. 유명 상품과 동일하게 제작되어 ~레플, ~스타일 등으로 홍보되는 경우, 유명 상품과 동일하게 제작되어 정품으로 속이는 경우, 유명 상품과 동일하게 제작되었으나 원 브랜드 로고만 가리는 경우, 블로그/카페 등을 통해 위조상품을 홍보하거나 판매하는 경우 등의 형태이며 이러할 경우 실질적으로 권리자 및 이용자의 피해를 일으키므로 네이버에서는 다른 권리 침해보다 더욱 단호하게 제한하고 있습니다.

단, 위조상품 해당 여부는 불분명하나 상표권 침해에 해당하는 경우에는 '상표권 침해'를 선택하여 신고해야만 합니다. 위조상품과 상표권 처리 침해 처리 절차가 다르기 때문이므로 신고 사유를 명확히 구분해야만 합니다.

위조상품 신고 절차

위조상품을 발견했을 때 예를 들어, 네이버 스마트스토어에서 위조상품을 확인하고 이를 신고하려면 다음과 같은 순서로 진행됩니다.

① '권리보호센터' 홈페이지에 접속하여 로그인

② '권리침해 신고하기'를 클릭하여 신고 사유 선택

③ URL을 입력하고 위조상품을 선택하면 신고자 정보를 입력할 수 있다. 만일 권리 정보가 입력되지 않은 상황이라면, 권리 소유자의 정보와 위조상품 권리 정보가 필요하다. 위조상품 권리 정보의 경우 특허청에 등록된 권리의 등록번호가 필요하며, 상표명, 권리 만료일, DOI, 권리증(선택) 등이 요구된다.

④ 정보가 모두 입력된 상태라면 이후 몇 번의 클릭으로 처리 절차가 완료된다.

신고 진행 과정

이 과정에 있어 네이버는 판매 금지를 검토하며 처리 결과를 통보해주고, 판매자는 이의 제기 소명서를 제출할 수 있게 됩니다. 이후 소명서를 확인 후 신고자에게 전달하게 되며, 만일 소명을 접수하지 않거나 내용이 불충분하다면 판매자 및 게시자에게 적용된 제재 사항은 유지되며 위조상품이 최종적으로 차단됩니다.

이처럼 네이버에서는 플랫폼 신뢰도를 높이고자 여러 기술, 모니터링, 다양한 정책을 시행하고 있습니다.

8) 온라인마켓 플랫폼의 책임

가) 위조상품이 거래된 오픈마켓의 플랫폼 사업자 책임

10여 년 전만 해도 위조상품은 주로 남대문 시장이나 동대문 시장과 같은 오프라인에서 거래되곤 했습니다. 중국에는 짝퉁만을 전문적으로 판매하는 어마어마한 규모의 시장이 여러 곳에 있어서, 중국 여행을 가는 사람들이 한 번씩 들렀다는 이야기도 있었습니다.

하지만 온라인마켓이 성장하고 상품의 구매가 오프라인에서 온라인으로 대거 이동하면서, 짝퉁 시장 역시 오프라인에서 온라인으로 이동하였습니다. 5~6년 전만 해도 온라인과 오프라인에서 판매되던 위조상품들이 최근에는 대부분 온라인 위주로 판매되고 있으며, 중국 내 유명했던 짝퉁 시장들도 이제는 규모가 줄어들거나 아예 없어지고 있는 추세라고 합니다.

이처럼 현재는 대부분의 위조상품이 온라인에서 거래되고 있는데, 그렇다면 네이버나 쿠팡과 같은 오픈마켓 플랫폼 사업자들은 자신들이 제공하는 온라인마켓에서 위조상품이 거래될 경우 어떤 책임이 있을까요?

기본적으로 이들 플랫폼 사업자들은 마켓 플랫폼만을 제공하고 실제로 상품을 판매하는 것은 해당 플랫폼에 상품을 올려 판매하는 판매자들이기 때문에, 자신들은 위조상품 판매에 대한 책임이 없다는 것이 플랫폼 사업자들의 주장입니다.

나) 쿠팡에서 거래된 위조상품 사례

최근 쿠팡에서 거래된 위조상품과 관련하여 국내 법원의 판결이 있었는데, 쟁점은 사안은 다음과 같습니다. 편백나무 탈취제 등을 판매하는 A가 자신의 상표와 유사한 표장을 부착하여 쿠팡에서 제품을 판매하고 있는 B에 대해 상표권 침해에 따른 손해 배상 소송을 하면서, 쿠팡

을 상대로도 'B가 자사의 상표권 등을 침해하는 제품을 판매하고 있으
므로 그 판매를 중단하는 조치를 취해줄 것을 요청했음에도, 아무런 조
치를 취하지 않고 B의 불법 행위를 방치하여 B사로부터 수수료 상당
의 이득을 얻었다.'라며 손해 배상 요구 소송을 제기했습니다(2021가합
510647). 쿠팡은 소장을 받은 2021년 5월 10일 이후 쿠팡 사이트에서 A
의 상표와 유사한 표장을 부착하여 판매하는 B의 제품에 대해 판매 중
단 조치를 취했습니다.

법원은 "원고가 제출한 증거만으로는 쿠팡이 고의 또는 과실로 B의
상표권 등을 방치하였다고 인정하기 부족하다."라고 하며 쿠팡에 대한
청구를 기각했습니다.

재판부는 먼저 아디다스코리아가 이베이코리아를 상대로 제기한 소
송의 대법원 판결(2010마817 상표권침해금지가처분)의 내용을 아래와
같이 인용하였습니다.

"온라인 쇼핑몰 운영자가 판매자로서 직접 소비자들에게 상품을 판
매하는 형태가 아니라, 판매자와 구매자 사이에 거래가 이루어질 수 있
는 전자 거래 시스템을 제공하고 그 대가로 판매자로부터 서비스 이용
료를 받을 뿐 판매자와 구매자 사이의 구체적 거래에는 관여하지 않는
이른바 오픈마켓(Open Market)에서는, 운영자가 제공한 인터넷 게시
공간에 타인의 상표권을 침해하는 상품 판매 정보가 게시되고 그 전자
거래 시스템을 통하여 판매자와 구매자 사이에 이러한 상품에 대한 거
래가 이루어진다 하더라도, 그러한 사정만으로 곧바로 운영자에게 상표
권 침해 게시물에 대한 불법 행위 책임을 지울 수는 없다.

다만 상표권 침해 게시물이 게시된 목적, 내용, 게시 기간과 방법, 그로 인한 피해의 정도, 게시자와 피해자의 관계, 삭제 요구의 유무 등 게시에 관련한 쌍방의 대응 태도, 관련 인터넷 기술의 발전 수준, 기술적 수단의 도입에 따른 경제적 비용 등에 비추어, 볼 때,

① 오픈마켓 운영자가 제공하는 인터넷 게시 공간에 게시된 상표권 침해 게시물의 불법성이 명백하고,

② 오픈마켓 운영자가 위와 같은 게시물로 인하여 상표권을 침해당한 피해자로부터 구체적·개별적인 게시물의 삭제 및 차단 요구를 받거나, 피해자로부터 직접적인 요구를 받지 않았다 하더라도 그 게시물이 게시된 사정을 구체적으로 인식하였거나 그 게시물의 존재를 인식할 수 있었음이 외관상 명백히 드러나고,

③ 나아가 기술적, 경제적으로 그 게시물에 대한 관리·통제가 가능한 경우에는,

오픈마켓 운영자에게 그 게시물을 삭제하고 향후 해당 판매자가 위 인터넷 게시 공간에서 해당 상품을 판매할 수 없도록 하는 등의 적절한 조치를 취할 것이 요구되며(대법원 2009.4.16. 선고 2008다53812 전원합의체 판결 등 참조), 오픈마켓 운영자가 이를 게을리하여 게시자의 상표권 침해를 용이하게 하였을 때에는 위 게시물을 직접 게시한 자의 행위에 대하여 부작위에 의한 방조자로서 공동 불법 행위 책임을 진다고 할 것이다(대법원 2010. 3. 11. 선고 2009다4343 판결 참조)."

재판부에 따르면, 쿠팡은 판매 이용 약관 제14조 제1항 제9호에서 판매자에게 상표권, 지적 재산권 등의 권리를 침해하는 상품을 판매하지

않을 의무가 있고, 판매자의 상품과 관련하여 특허권 침해 등의 분쟁이 발생할 경우 판매 중단 조치를 위한 내부 절차를 두고 있습니다. 쿠팡은 원고로부터 B의 표장이 부착된 제품의 판매 중단 요청을 받은 후, 원고에게 '쿠팡은 권리자로부터 특정받은 상품에 대해 신고 접수를 진행하므로 신고하려는 상품 번호를 확인할 수 있도록 상품별로 특정'하여 줄 것을 요청했습니다.

재판부는 "쿠팡은 위와 같이 원고에게 판매 중단을 위한 절차를 설명하고 원고의 요청에 협조하기 위하여 상품 번호를 특정하여 줄 것을 요청하였으나, 원고는 쿠팡의 요청에 아무런 회신을 하지 않았다."라고 하며, "쿠팡의 인터넷 쇼핑몰에 입점한 판매자 수는 약 31만 개이고 입점 판매자들을 통하여 판매되는 상품의 수는 20억 개에 달하는 것으로 보이는데, 위와 같이 많은 수의 상품이 등록·판매되는 오픈마켓의 특성을 고려하면 원고가 쿠팡으로부터 판매 중단 대상인 상품을 구체적·개별적으로 특정하여 줄 것을 요청받고 아무런 대응을 하지 않았음에도, 쿠팡이 권리 침해 또는 부정 경쟁 행위의 가능성이 있는 상품을 적극적으로 검색하여 미리 삭제하여야 할 주의 의무가 있다고 보기 어렵다."라고 밝혔습니다.

재판부는 또 "달리 쿠팡이 원고로부터 구체적·개별적인 게시물의 삭제 및 차단 요구를 받거나, 원고로부터 직접적인 요구를 받지 않았다 하더라도 그 게시물이 게시된 사정을 구체적으로 인식하였거나 그 게시물의 존재를 인식할 수 있었음이 외관상 명백하다고 볼 만한 증거가 없다."라고 덧붙였습니다. (출처: 리걸타임즈(http://www.legaltimes. co.kr))

다) 유럽 연합 사법 재판소의 판결

2022년 12월, 유럽 연합 사법 재판소 (Court of Justice of the European Union)에서는 위조상품 판매와 관련하여 오픈마켓 플랫폼 사업자의 책임에 대한 의미 있는 판결이 있었습니다.

그 내용은 크리스티안 루브탱(Christian Louboutin)이 아마존을 상대로 제기한 상표권 침해 소송에 대한 결정으로, 오픈마켓 플랫폼 사업자인 아마존(Amazon)이 크리스티안 루브탱의 상표권을 침해하였다는 취지의 결정을 내린 것이었습니다.

크리스티안 루브탱(Christian Louboutin)은 아래 그림과 같이 바닥에 강렬한 붉은 색이 칠해진 하이힐로 유명합니다.

[크리스티안 루브탱(Christian Louboutin)의 제품 사진들]

크리스티안 루브탱은 아래와 같이 점선으로 표시된 하이힐에 바닥 면이 붉은색으로 칠해진 모양의 로고에 대해 유럽지식재산청(EUIPO)에 상표를 등록받았습니다.

[크리스티안 루브탱(Christian Louboutin)의 등록 상표]

아마존에서는 크리스티안 루브탱의 상표를 부착한 상품들이 판매되고 있었는데, 여기에는 아마존이 직접 판매하고 있는 제품뿐만 아니라 개인 판매자가 판매하는 상품들도 있었습니다. 그런데 개인 판매자가 판매하는 상품이 위조상품이었고, 크리스티안 루브탱은 이와 관련하여 개인 판매자뿐만 아니라 아마존을 상대로도 상표권을 침해하였다는 소송을 제기하였습니다.

이와 관련하여, 유럽 사법 재판소는 1) 광고를 게재한 방법과 2) 플랫폼 사업자의 서비스의 특성과 범위의 두 가지를 중요하게 검토해야 한다고 판단하였습니다.

그러면서 아마존이 직접 판매하는 제품에 대한 광고뿐만 아니라 위조상품 판매자의 광고를 함께 게재하였으며, 이들 광고에 모두 아마존의 로고를 표시하였다는 점과 함께, 아마존은 위조상품을 판매하는 개인 판매자에게 상품의 보관, 배송 및 반품 관리 등과 관련된 서비스들을 제공하고 있기 때문에, 아마존에서 제품을 구매하는 일반 사용자들은 아마존이 직접 판매하는 상품과 개인 판매자의 위조상품 을 별개로 인식하지 않을 가능성이 있으므로, 결과적으로 아마존도 상표권 침해에 해당한다는 결정을 내린 것입니다.

9) 위조상품 처리 솔루션의 출현

위고페어는 현직 변리사가 만든 AI를 기반으로 한 위조상품 모니터링 및 차단 플랫폼입니다.

위고페어 플랫폼에서는 온라인마켓 상의 상품 데이터에 대한 수집이 자동으로 이루어집니다. 기존에는 온라인 쇼핑몰의 상품페이지를 사람이 일일이 들어가서 스크롤을 하면서 해당 내용을 확인한 후 하나하나 엑셀에 복사해서 붙여 넣어 힘들게 데이터를 수집하는 방식으로 진행되었지만 위고페이 플랫폼에서는 고성능 크롤러를 통해 상품페이지 정보를 자동으로 수집합니다. 나아가 해당 상품 정보들을 엑셀로 바로 다운로드받을 수 있도록 하여 기존에 사람이 작업했을 때 평균적으로 3일이 걸리던 작업을 단 3초면 완료할 수 있도록 할 만큼 획기적으로 시간을 절감시켜 주는 플랫폼이라고 볼 수 있습니다.

위조상품 선별 과정에서는 인공 지능을 기반으로 한 이미지 분석 기술을 활용하여 쇼핑몰에 산재하고 있는 위조상품을 한 번의 클릭을 통해 모아서 선별할 수 있고, 수집된 상품 데이터를 분석하여 기업별, 브랜드별 맞춤형 판별 로직을 통해 위조상품을 편리하게 선별해 냅니다.

이 밖에도 브랜드 기업들이 보유하고 있는 상표권과 저작권 그리고 공식 이미지 등의 브랜드 자산들을 미리 위고페어 플랫폼에 등록하여 관리할 수 있도록 하고 있습니다. 이것들은 신고 과정에서 필수적으로 제출해야 하는 서류들이기 때문에 신고 과정이 편리해지고, 기존의 신고 방식에 비해 신고 절차가 훨씬 쉽고 간편해집니다.